目　录

1 /

◎陶塑

出自约特干和和田

见第四章第一、二节

比例：1:2（缩 85%）

Yo. 081　Yo. 034　Yo. 017　Yo. 055　Yo. 018　Yo. 04
Yo. 039　Yo. 033　Yo. 038　Yo. 030
Yo. 06　Yo. 09
Yo. 023　Yo. 012　Yo. 016　Yo. 031
Yo. 05　Yo. 010　Yo. 07
Yo. 015　Badr. 0302　Yo. 040
Yo. 08　Badr. 0338
Yo. 0158 (1/5)　Yo. 01　Yo. 02

◎陶塑

出自和田

见第四章第一、二节

比例：1:1（缩85%）

Badr. 033　Badr. 0328　Yo. 0124　Yo. 096　Yo. 0104

Badr. 0369

Badr. 0376　Badr. 0255　Ark. Han. 010　Yo. 0112

Yo. 0110　Yo. 0119. e

Yo. 0109　Yo. 0122. a

Yo. 0114　Badr. 0387　Yo. 0122. b

Badr. 0365　Badr. 0360

Yo. 0121　Badr. 0385　Badr. 0428

Badr. 0364

Badr. 022

Yo. 053. c　Yo. 051　Yo. 050

Kha. 03

Badr. 028　Yo. 0136　Badr. 0378　Badr. 0426

Kh. 012

Badr. 0370　Badr. 0326　Badr. 0327　Yo. 093

Yo. 0130

Yo. 088. a　Yo. 078

Yo. 069　Yo. 0107

Yo. 0138. h　Badr. 0334　Yo. 0138. g

◎陶塑

出自和田

见第四章第一、二节

比例：1:2（缩 85%）

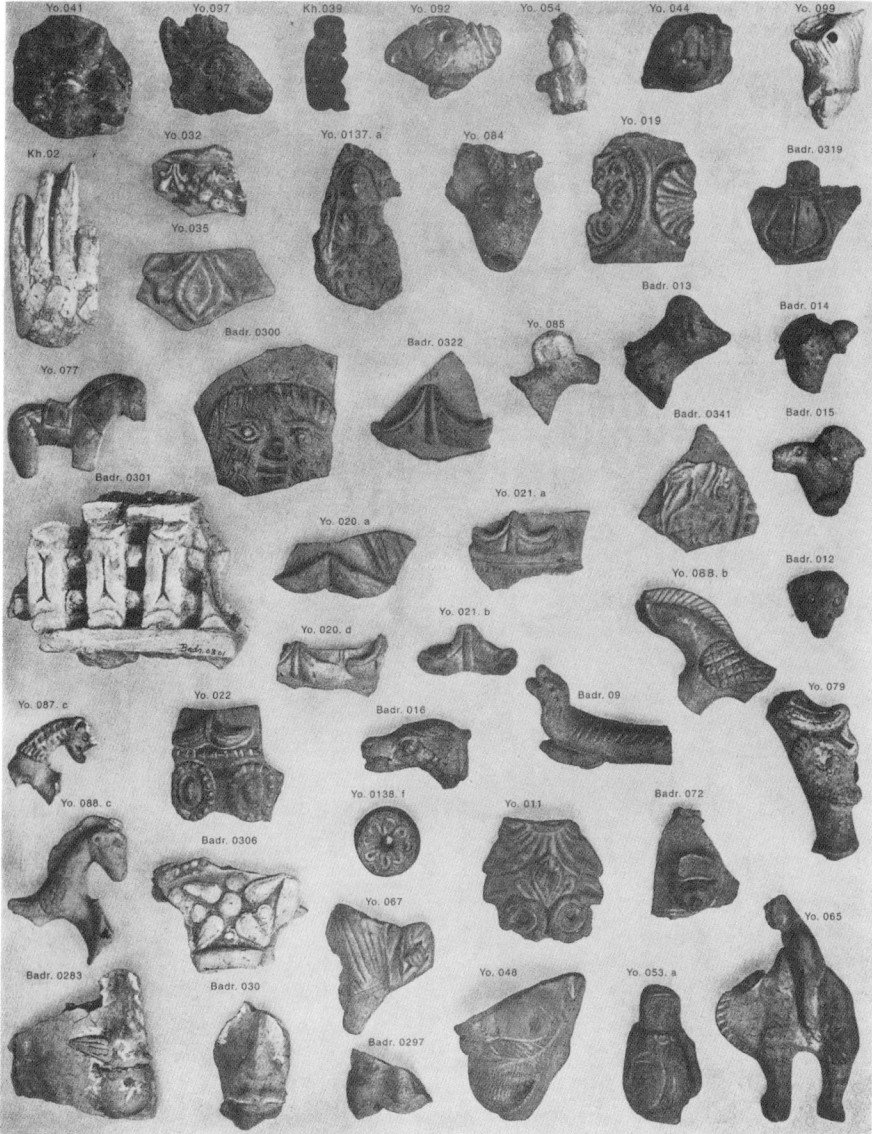

IV

◎泥浮雕

出自拉勒塔格、木头沟和和田

见第三章第二节；第四章第一至三节；

第十八章第五节

比例：2:5（缩85%）

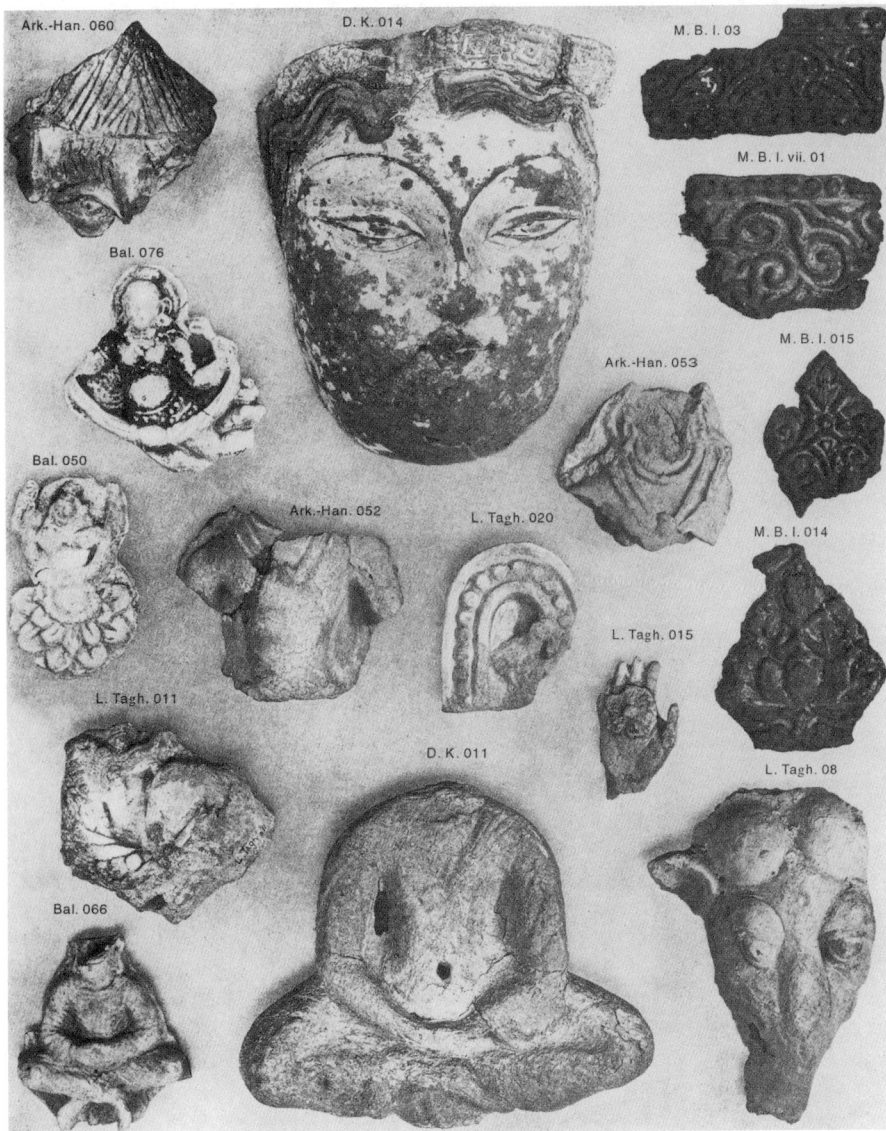

Ark.-Han. 060

D. K. 014

M. B. I. 03

M. B. I. vii. 01

Bal. 076

Ark.-Han. 053

M. B. I. 015

Bal. 050

Ark.-Han. 052

L. Tagh. 020

M. B. I. 014

L. Tagh. 015

L. Tagh. 011

D. K. 011

L. Tagh. 08

Bal. 066

◎陶器

出自麻扎塔格和和田

见第三章第四节；第四章第一至三节

比例：2:3（缩85%）

Bal. 077
M. Tagh. 031
M. Tagh. 026
Badr. 0286
Bal. 090
Badr. 0287
Badr. 029
Badr. 0135
Badr. 0136
Badr. 070
Badr. 032
Badr. 0134
Badr. 0249
Badr. 0132
Badr. 037
Badr. 0137
Badr. 071
Kha. 02
Bal. 059
Badr. 056
Bal. 048
Badr. 0307
M. Tagh. 049
Badr. 0303
Badr. 0282

◎木器

出自麻扎塔格和木头沟

见第三章第四节；第十八章第五节

比例：2:5（缩85%）

◎纸画

出自麻扎塔格和哈喇浩特

见第三章第四节；第十三章第三、五节

比例：2:3（缩85%）

K. K. II. 0283. a. xxvii.

◎泥浮雕残块

出自和田和喀拉霍加

见第四章第一、二节；第十八章第一、二节

比例：9:16（缩85%）

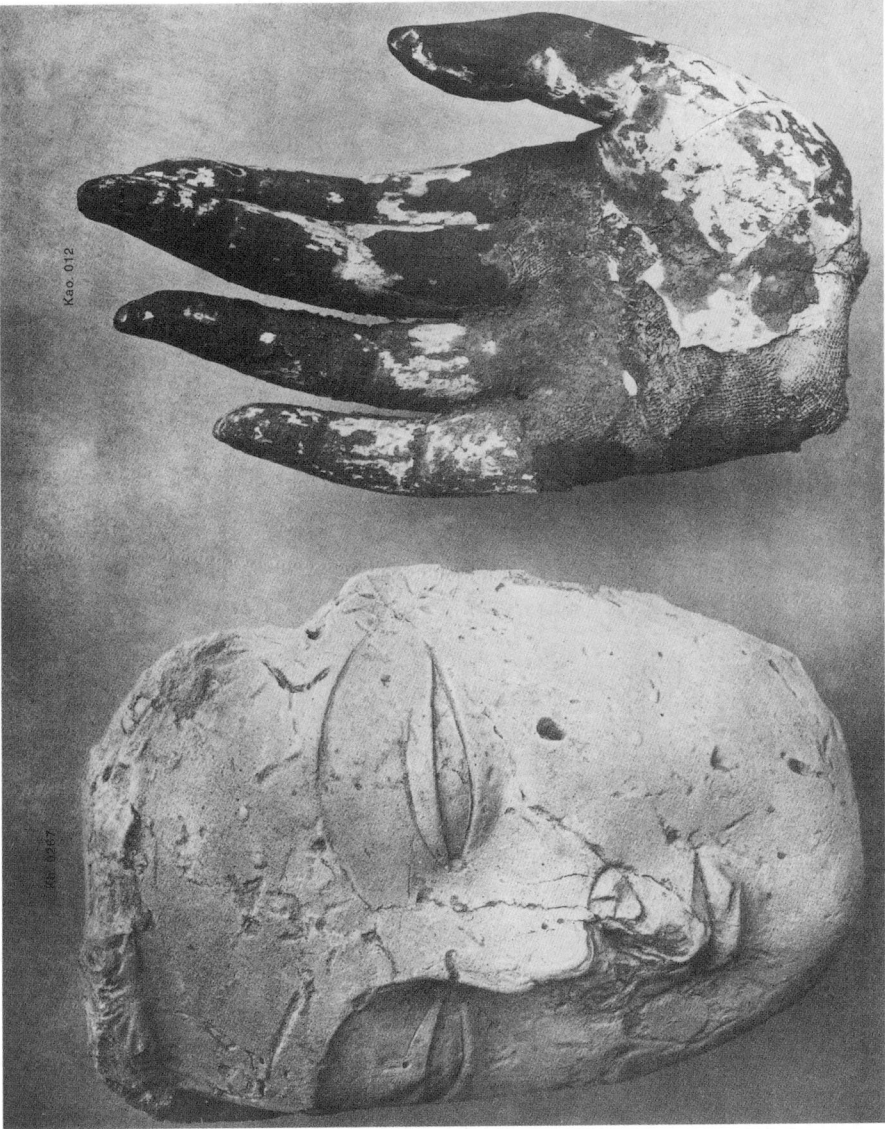

◎泥浮雕、木器和陶器

主要出自和田和达玛沟

见第三章第二节；第四章第一至三节

比例：1:2（缩85%）

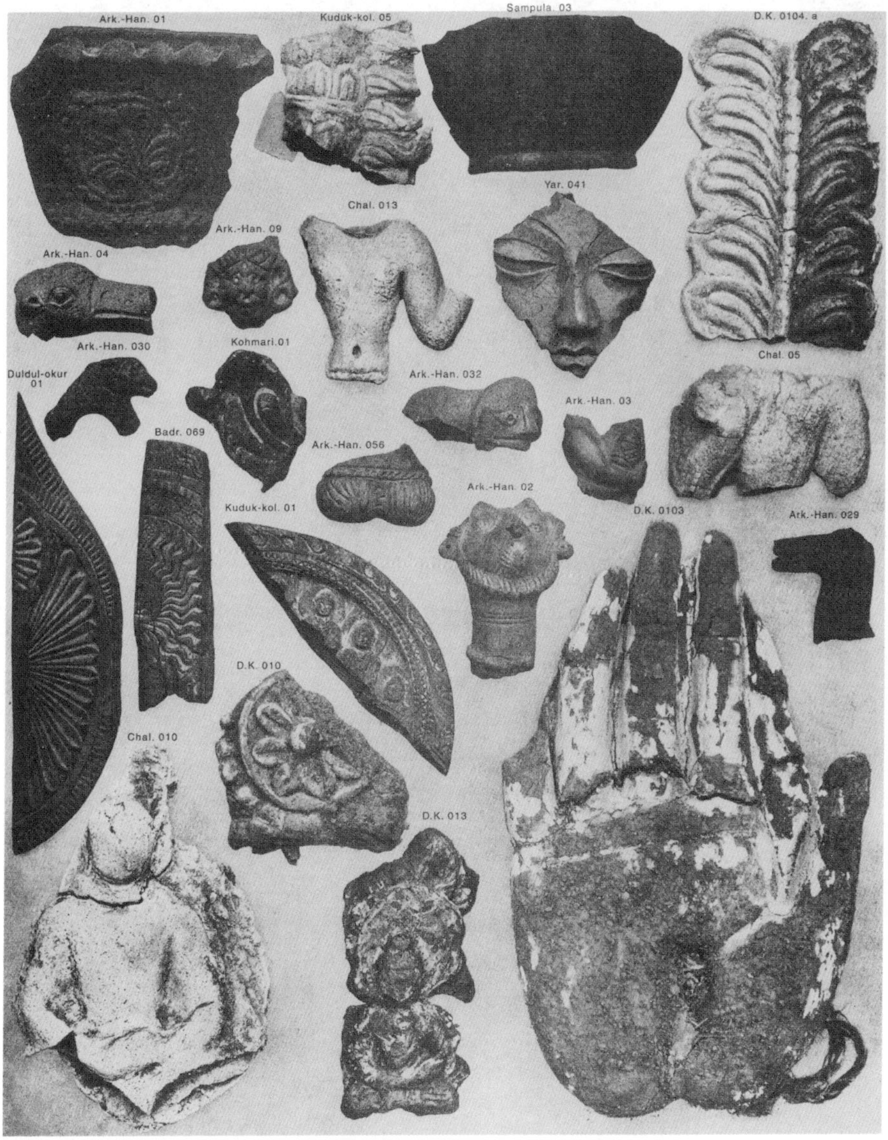
Ark.-Han. 01
Kuduk-kol. 05
Sampula. 03
D.K. 0104. a
Yar. 041
Chal. 013
Ark.-Han. 09
Ark.-Han. 04
Ark.-Han. 030
Kohmari.01
Duldul-okur
01
Chal. 05
Ark.-Han. 032
Ark.-Han. 03
Badr. 069
Ark.-Han. 056
Ark.-Han. 02
Kuduk-kol. 01
D.K. 0103
Ark.-Han. 029
D.K. 010
Chal. 010
D.K. 013

X

◎石器、金属器等

主要出自和田和达玛沟

见第四章第一至三节；第二十三章第三节

比例：7:8（缩85%）

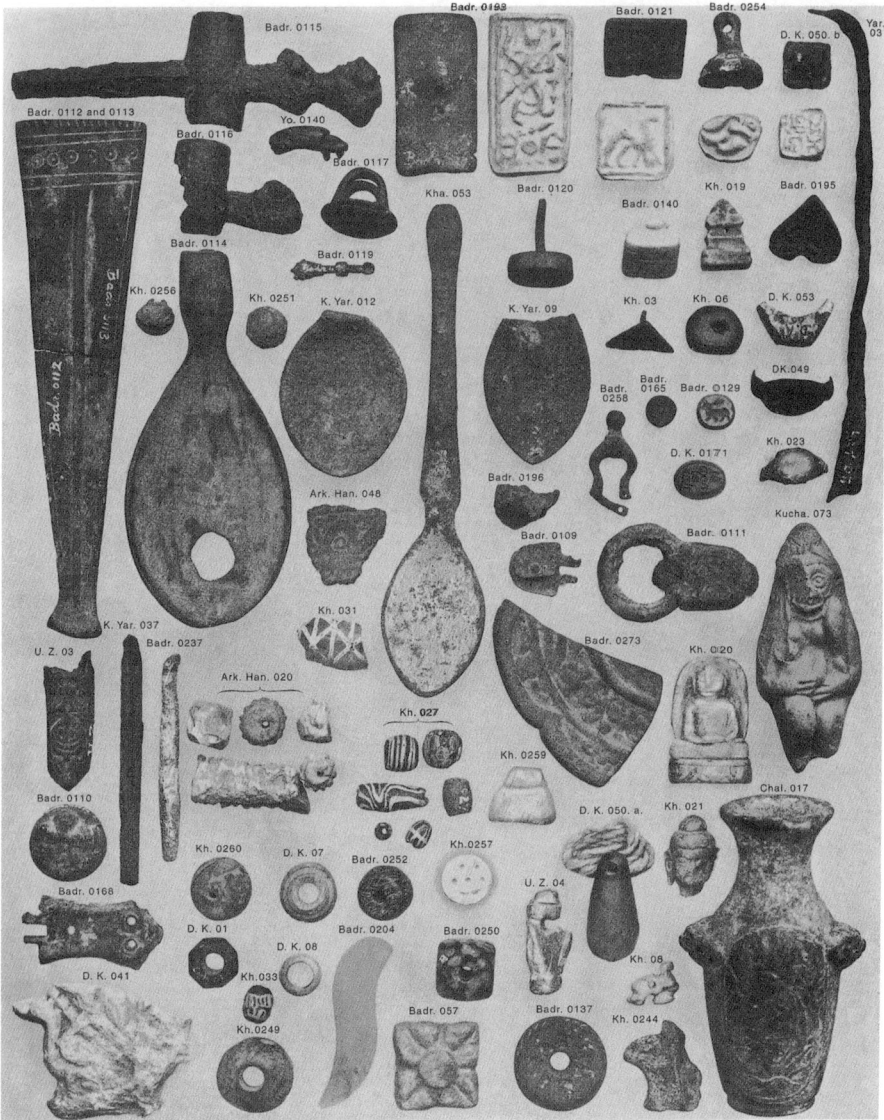

◎金属器、泥塑、木器

出自达丽尔、和田和哈喇浩特等地

见第一章第四节；第二章第二节；第四章第一、

二节；第十三章第二、五节；第十八章第四节

比例：1:1（缩85%）

Badr. 0340
Badr. 0285
Ark. Han. 025
K. K. 058
Ark. Han. 013
Ark. Han. 015
A. K. 039
Ark. Han. 016
K. K. 066
K. K. 078
Dar. 03
Dar. 04
K. K. 023
Toy. 063
Dar. 02
Dar. 06
Dar. 07
Dar. 010
D. K. 05
Toy. 063. (cast)
Dar. ⊙10
Ark. Han. 017
Samp. 05
U. Z. 06
Yul. 04
Dar. 010
K. K. iv. 01 (3/10)
Yasin. 01

◎泥浮雕、陶器

哈定发现于和田

见附录 M

比例：7:16（缩 85%）

◎彩绘木板和木雕

出自达玛沟附近

见第四章第一至三节；附录 M

比例：3:8（缩 85%）

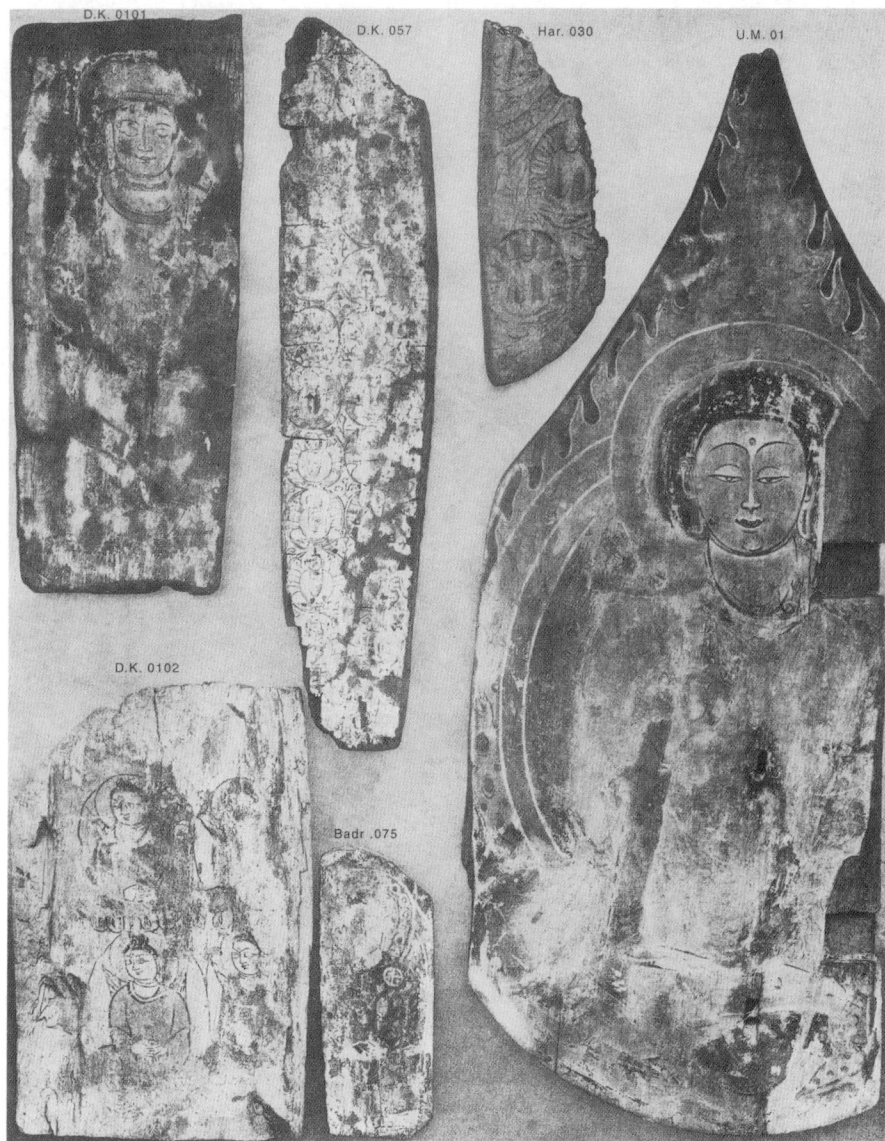

◎**彩绘木板和木雕**

出自达玛沟

见第四章第三节；附录 M

比例：3:8（缩 85%）

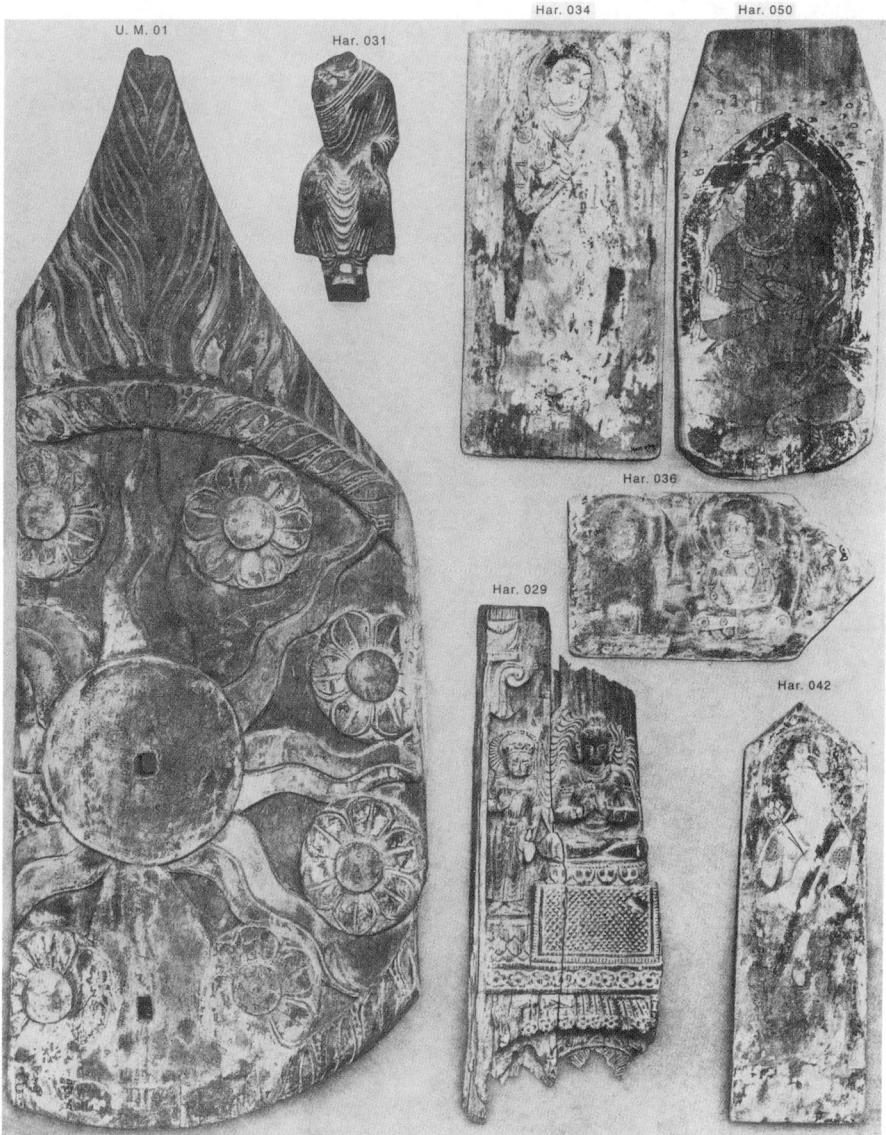

U. M. 01

Har. 031

Har. 034

Har. 050

Har. 036

Har. 029

Har. 042

◎木雕

出自尼雅、楼兰和库车

见第四章第四、五节；第六章第一至四节；

第二十章第四节

比例：见图（缩85%）

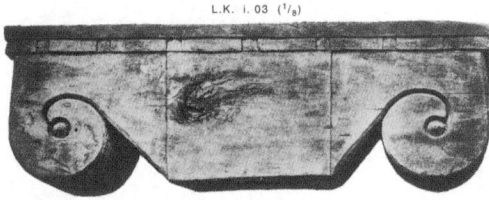

L.K. i. 03 (¹/₈)

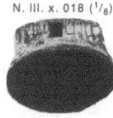

N. III. x. 018 (¹/₈)

N. III. x. 017 (¹/₈)

N. III. x. 016 (¹/₈)

L.Q. ii. 01 (¹/₈)

N. III. 07 (¹/₈)

L.M. I. iii. 01 (¹/₈)

T.A. I. 01 (¹/₄)

N. XXVI. 01 (¹/₁₀)

N. XIII. 02. (¹/₈)

◎木器

出自尼雅、若羌和楼兰

见第四章第四、五节；第五章第二节

第七章第一、二节

比例：1:3（缩85%）

N. III. x. 09   B. Køy. i. 06   Køy. 01   L. A. II. 05

L. A. V. x. 01

L. A. IV. v. 03   L. A. 04

N. III. x. 05

L. D. 03

L. A. V. x.. 03

L. A. II. 02   N. XLIII. 02   N. XLV. i. 01

Køy. I. 02

N. XLV. i. 04   N. XLV. i. 05

N. XLII. 01   N. XLIII. 05

N. III. x. 04

N. XLII. i. 02

N. XXVI. 011   N. XLIII. 01

B. Køy. i. 01

N. III. x. 02

N. III. 01

◎写在木板和绢上的佉卢文文书

出自尼雅和楼兰

见第四章第四、五节；第七章第一、二节

比例：3:4（缩85%）

N. III. x. 11

N. III. x. 14

L. A. VI. ii. 059

N. III. x. 10

L. A. VI. ii. 058

N. III. x. 4

◎佉卢文文书

出自尼雅和楼兰

见第四章第四、五节；第七章第一、二节

比例：9:16（缩85%）

◎**泥塑头像 M.XV.015**

出自米兰佛寺

见第五章第三节

比例：5:6

XX

◎泥塑头像

出自米兰和巴什阔玉马勒

见第五章第二、三节

比例：3:5（缩85%）

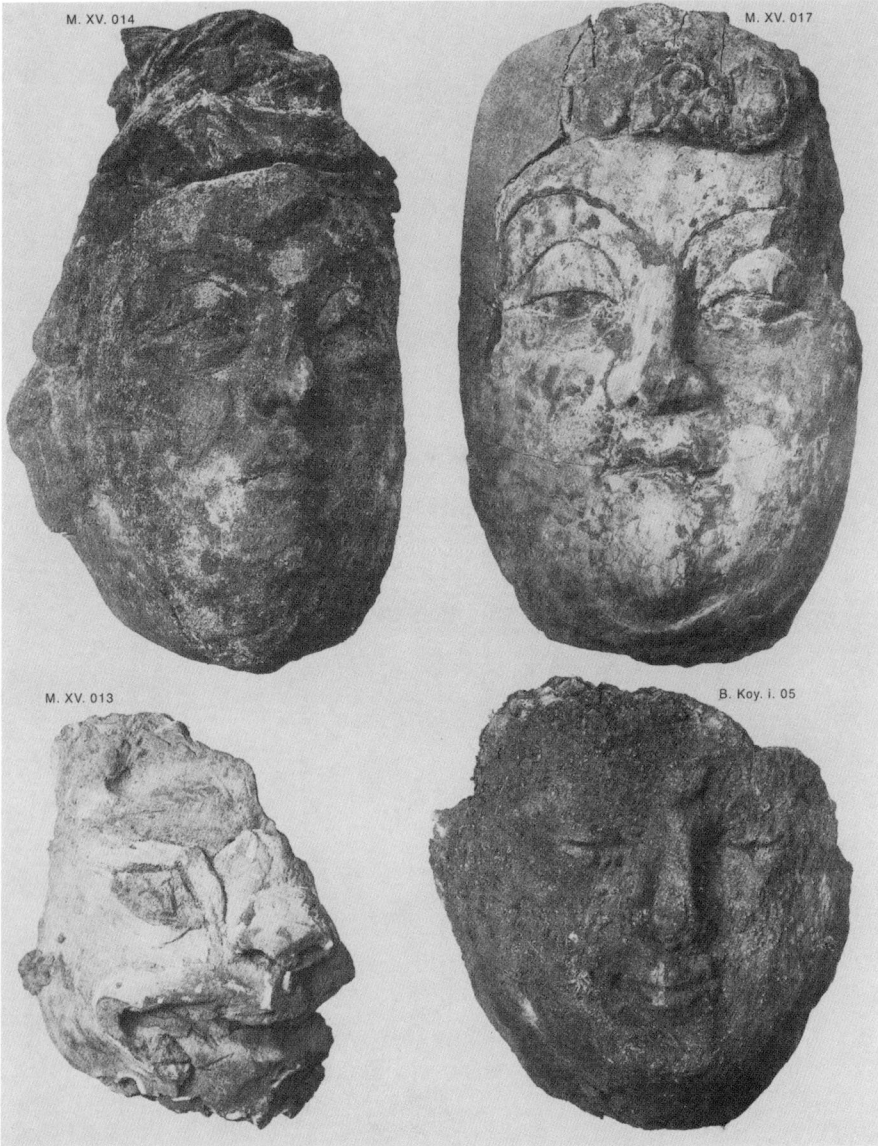

M. XV. 014   M. XV. 017

M. XV. 013   B. Koy. i. 05

◎木器和金属器

出自米兰和楼兰

见第五章第三节；第七章第一、二、六节

比例：5:8（缩 85%）

M. XIV. 02. 03   L. C. x. 013   L. C. x. 017   M. XIV. 05

L. C. x. 09

M. XIV. 06

L. A. 0111   L. A. 06

L. C. x. 023

L. A. 024   L. A. 037

L. A. 08

L. A. VI. ii. 015

M. XV. 010

L. A. 092   L. A. V. xi.03

L. A. V. xi.04

L. D. 06

L. A. IV. v. 06   M. XIV. 09   M. XIV. 07

L. A. VI. ii. 011

L. C. x.027

L. A. IV. v. 05   L. A. 034

◎石器

出自罗布荒漠风蚀地带

见第六章第三至五节；第七章第二节；

第八章第一节

比例：1:1（缩85%）

◎金属器、黏土物品、玻璃器

出自楼兰和罗布荒漠

见第四章第五节；第六章第一、二、五节；第七章第一、

二、六至八节；第八章第一、三节；第二十章第四节

比例：3∶4（缩85％）

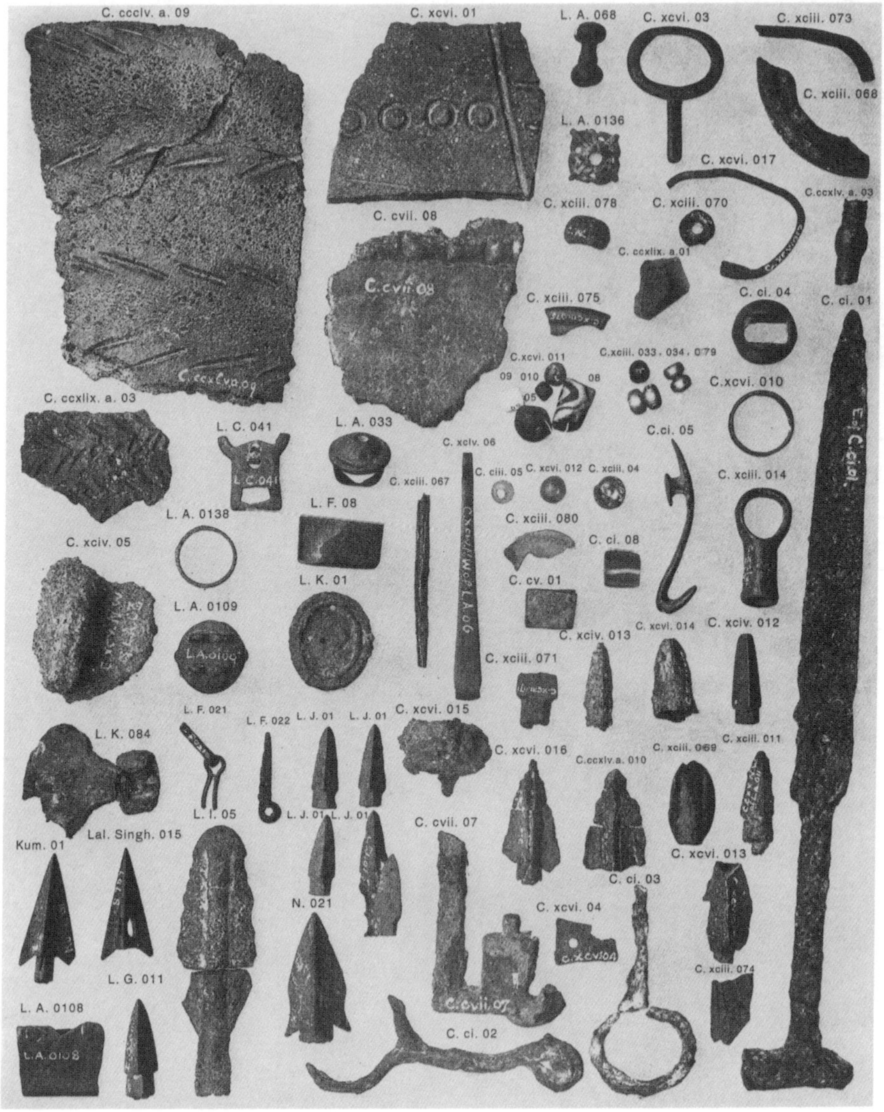
C. ccclv. a. 09
C. xcvi. 01
L. A. 068
C. xcvi. 03
C. xciii. 073
C. xciii. 068
L. A. 0136
C. xcvi. 017
C. cvii. 08
C. xciii. 078
C. xciii. 070
C.ccxlv. a. 03
C. ccxlix. a.01
C. xciii. 075
C. ci. 04
C. ci. 01
C.xcvi. 011
C.xciii. 033 , 034 , 079
C.xcvi. 010
C. ccxlix. a. 03
L. C. 041
L. A. 033
C. xclv. 06
C.ci. 05
C. ciii. 05
C. xcvi. 012
C. xciii. 04
C. xciii. 067
C. xciii. 014
L. A. 0138
L. F. 08
C. xciii. 080
C. xciv. 05
C. ci. 08
L. K. 01
C. cv. 01
L. A. 0109
C. xcvi. 014
C. xciv. 012
C. xciv. 013
C. xciii. 071
L. F. 021
L. F. 022
L. J. 01
C. xcvi. 015
L. K. 084
C. xcvi. 016
C. xciii. 069
C. xciii. 011
C.ccxlv.a. 010
L. I. 05
C. cvii. 07
Kum. 01
Lal. Singh. 015
C. xcvi. 013
C. ci. 03
N. 021
C. xcvi. 04
C. xciii. 074
L. G. 011
L. A. 0108
C. ci. 02

◎金属器、木器、石器

出自楼兰和罗布荒漠

见第四章第四节；第五章第三节；第六章第一

至四节；第七章第一至三、六、七节；

第二十章第三、四节

比例：3:4（缩85%）

◎漆器、陶器等

出自尼雅、楼兰和长城

见第四章第二、四、五节；第六章第一至四、

八节；第十二章第三节；第二十章第三节

比例：1:4（缩85%）

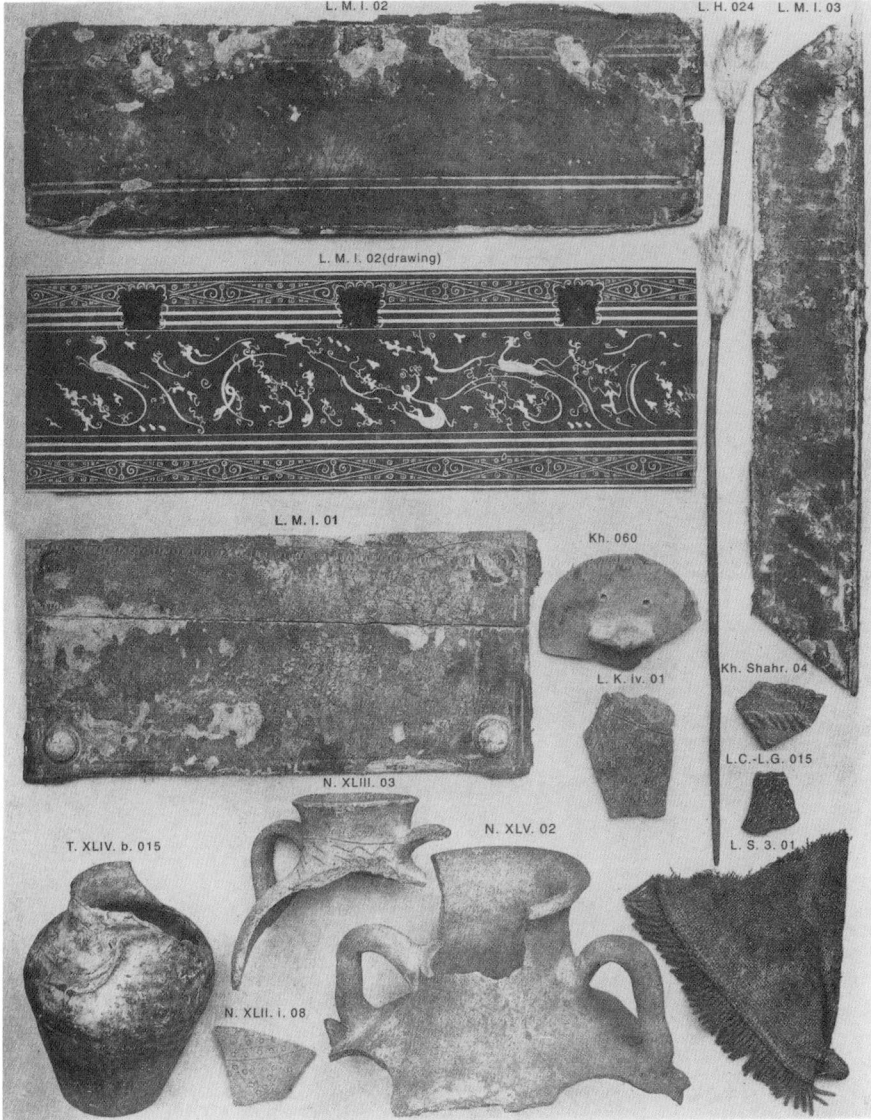

L. M. I. 02

L. H. 024　L. M. I. 03

L. M. I. 02(drawing)

L. M. I. 01

Kh. 060

L. K. iv. 01

Kh. Shahr. 04

L.C.-L.G. 015

L. S. 3. 01

N. XLIII. 03

T. XLIV. b. 015

N. XLV. 02

N. XLII. i. 08

◎木器、金属器、石器等

主要出自楼兰

见第六章第一至四节；第七章第二、三、六

至八节；第八章第一节；第二十章第三、四节

比例：1:3（缩85%）

L. M. I. 08
L. S. 2.04
L. M. I. 07　L. C. v. 012　L. C. v. 031
L. M. I. 033
L. C. iii. 05
L. M. II. ii. 07
L. M. I. 031
L. M. I. 05
L. C. ii. 012
L. C. 05
L. S. 2.02
L. M. I. 013
L. M. I. 012
L. H. 028
L. M. II. ii. 01
L. S. 2.03
L. M. II. iii. 03
L. M. I. i. 016
L. M. I. 030
L. Q. i. 01
L. M. I. 028
L. M. 0150
L. M. II. ii. 08
L. C. 020
L. M. I. ii. 02
L. C. v. 08
L. M. IV. 04
L. D. 02
L. M. 0145
L. Q. i. 02.
L. M. IV. 03
L. M. IV. 02
L. M. II. ii. 09
xc h M x iii m
L. S. 2. 01
L. S. 6.03
L. J. 02
L. L.-L. M. I. 014
L. K. 091
L. M. II. iii. 01
L. K. Fort 09
L. I. 02
L. I. 04
L. I. 01
M. B. I. 027
L. S. 6.01
L. K. iv. 01
L. I. 03
L. H. 031
L. M. 01
L. M. 03

◎**木器、陶器、皮革制品**

主要出自尼雅和楼兰

见第四章四、五节；第六章三、四节；

第七章第一至三、六、八节

比例：1:4（缩85%）

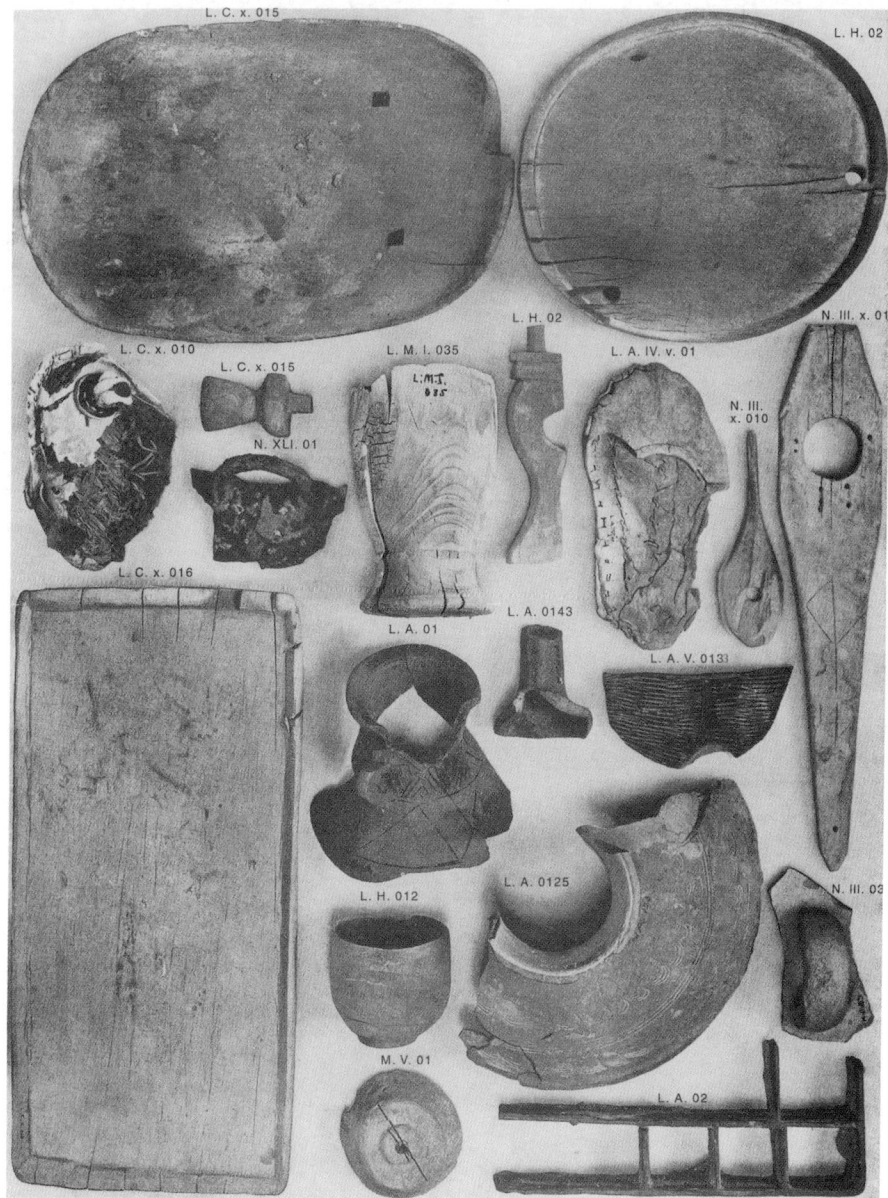

L. C. x. 015

L. H. 02

L. C. x. 010

L. C. x. 015

L. M. I. 035

L. H. 02

L. A. IV. v. 01

N. III. x. 01

N. XLI. 01

N. III. x. 010

L. C. x. 016

L. A. 01

L. A. 0143

L. A. V. 0133

L. H. 012

L. A. 0125

N. III. 03

M. V. 01

L. A. 02

◎**家用木器**

出自楼兰和营盘

见第六章第三、四节；第七章第八节；

第二十章第三节；第二十一章第一节

比例：1:4（缩 85%）

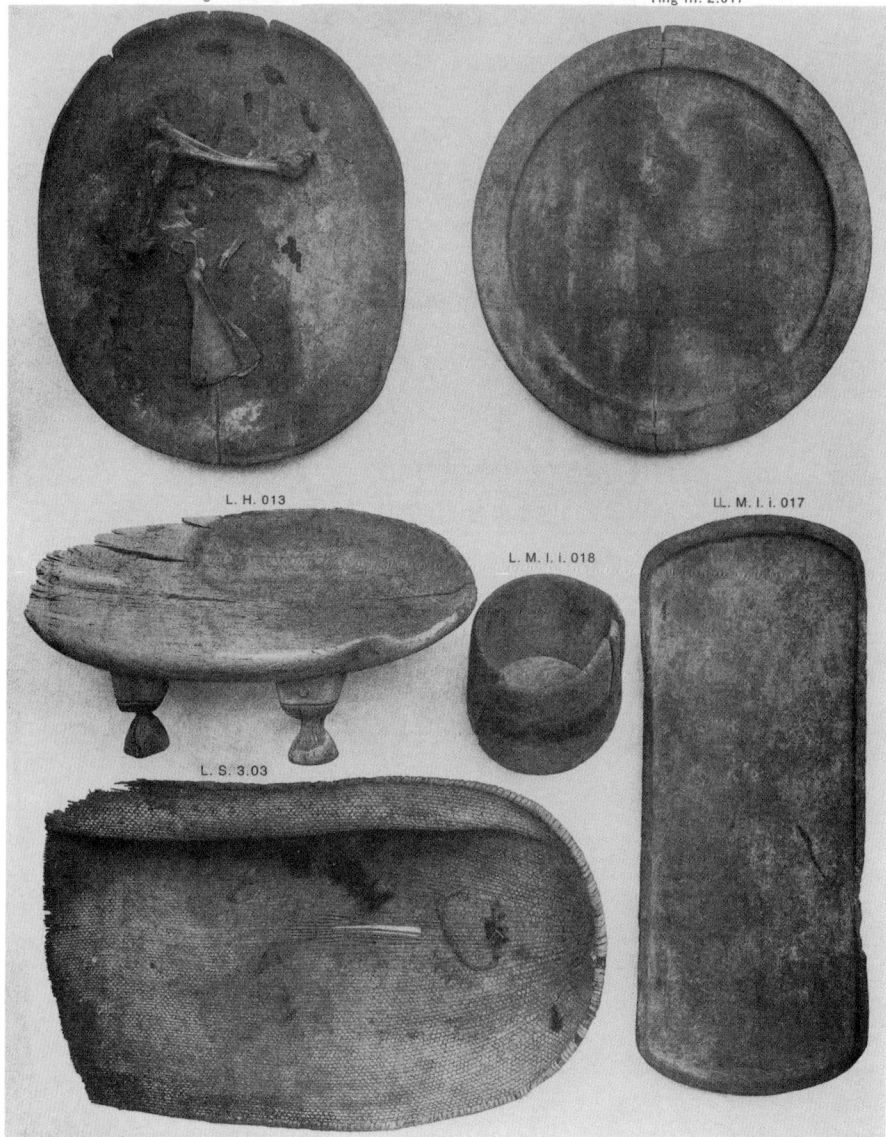

Ying III. 2.018　　　　Ying III. 2.017

L. H. 013　　　　LL. M. I. i. 017

L. M. I. i. 018

L. S. 3.03

◎木器、陶器等

主要出自楼兰墓葬

见第六章第一、二节；第七章第一至三、六至八节

比例：1:3（缩85%）

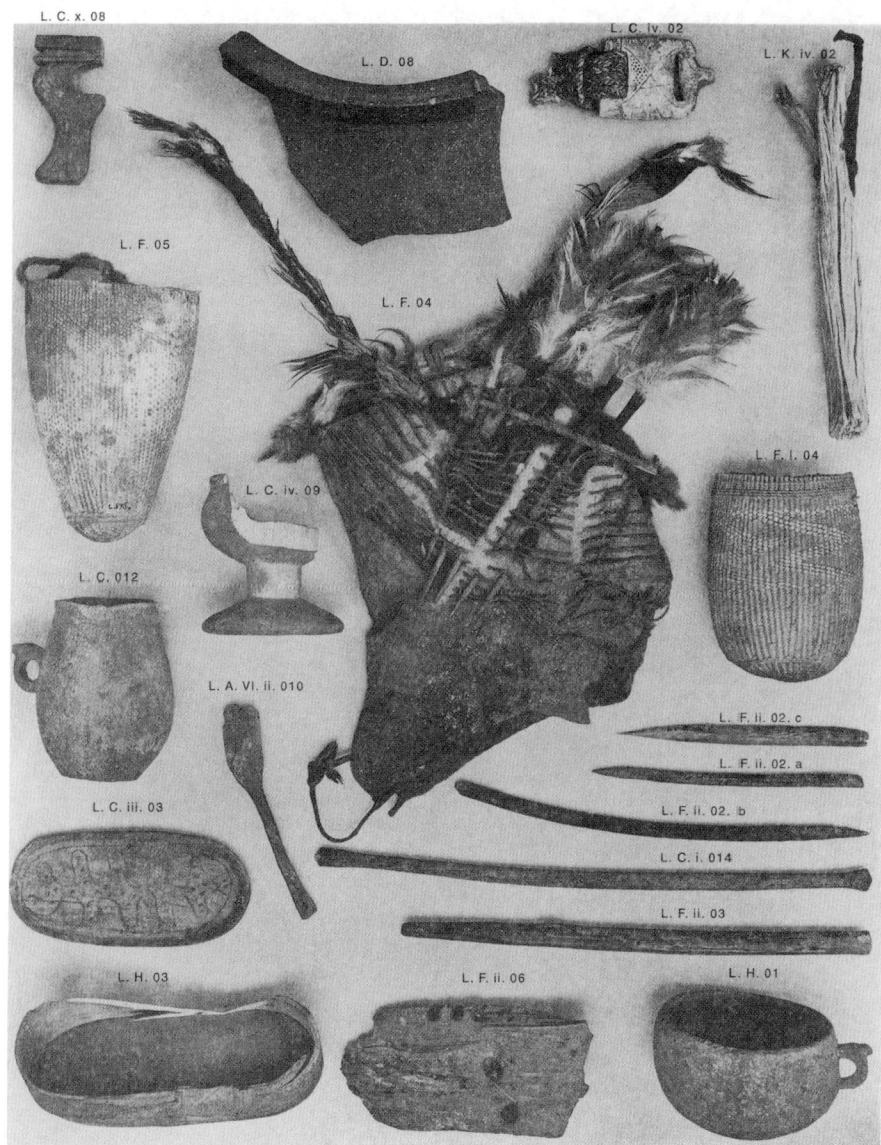

L. C. x. 08

L. D. 08

L. C. iv. 02

L. K. iv. 02

L. F. 05

L. F. 04

L. F. i. 04

L. C. iv. 09

L. C. 012

L. A. VI. ii. 010

L. F. ii. 02. c

L. F. ii. 02. a

L. F. ii. 02. b

L. C. iii. 03

L. C. i. 014

L. F. ii. 03

L. H. 03

L. F. ii. 06

L. H. 01

◎毛挂毯残片 L.C.iii.010.a

出自楼兰 L.C 遗址之墓葬

见第七章第三至六节

比例：1:1

◎ **毛挂毯残片**

出自楼兰 L.C 遗址之墓葬

见第七章第三至六节

比例：5:8（缩 85%）

L.C.v.02.a

L.C.v.06.a　　　　　　　　　L.C.v.03　　　　　　　　L.C.v.019

L.C.v.01

◎毛挂毯图案示意图

出自楼兰 L.C 遗址之墓葬

见第七章第三至六节

（缩 95%）

L.C.v.02.a

Inches

◎毛毯和丝织品图案示意图

出自楼兰 L.C 遗址之墓葬

见第六章第三、四节；第七章第四至六节

（缩 85%）

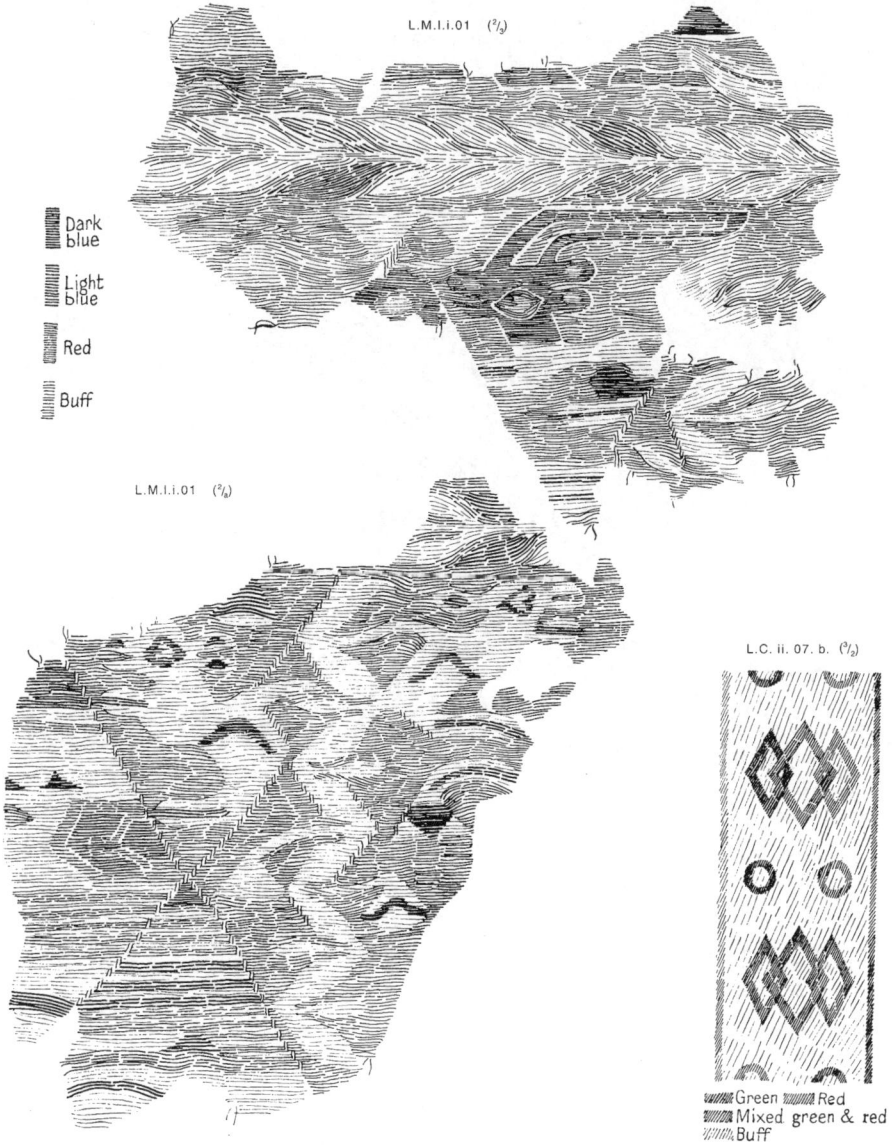

L.M.I.i.01 (²/₃)

Dark blue

Light blue

Red

Buff

L.M.I.i.01 (²/₃)

L.C. ii. 07. b. (³/₂)

Green
Red
Mixed green & red
Buff

◎彩锦样品

出自楼兰 L.C 遗址之墓葬

见第七章第三至六节

比例：15:16（缩 54%）

L.C.iii.01

L.C.iii.01

L.C.031.c

L.C.ii.03

L.C.08

L.C.07.a

◎彩锦和刺绣样品

出自楼兰 L.C 遗址之墓葬

见第七章第三至六节

比例：1:2（缩 85%）

L. C. 02

L. C.031.b

L. C. vii. 04

L. C. 03

L. C. iii. 020

L. C. 01

L. C. x. 04

L. C. vii. 02

XXXVI

◎锦和绢的样品

出自楼兰 L.C 遗址之墓葬和阿斯塔那墓地

见第七章第三至六节；第十九章第五、六节

比例：3:4（缩85%）

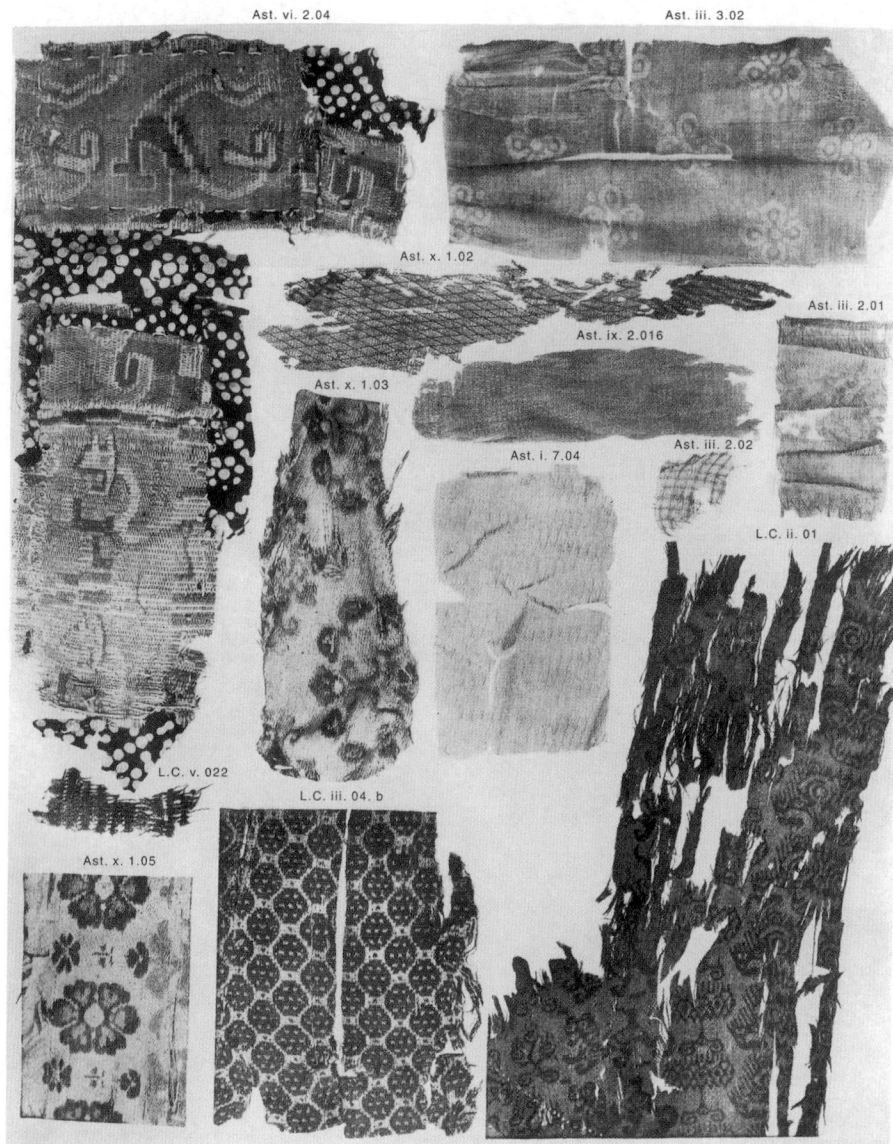

Ast. vi. 2.04

Ast. iii. 3.02

Ast. x. 1.02

Ast. iii. 2.01

Ast. ix. 2.016

Ast. x. 1.03

Ast. i. 7.04

Ast. iii. 2.02

L.C. ii. 01

L.C. v. 022

L.C. iii. 04. b

Ast. x. 1.05

◎丝织品 L.C.x.04 图案示意图

出自楼兰 L.C 遗址之墓葬

见第七章第三至六节

比例：1:1

|IIIIIIIIIIII| Blue |IIIIIIIIIII| Deep golden yellow

◎丝织品 L.C.iii.011 图案示意图

出自楼兰 L.C 遗址之墓葬

见第七章第三至六节

From a second fragment

Inches

◎丝织品图案示意图

出自楼兰 L.C 遗址之墓葬

见第七章第三至六节

（缩 88%）

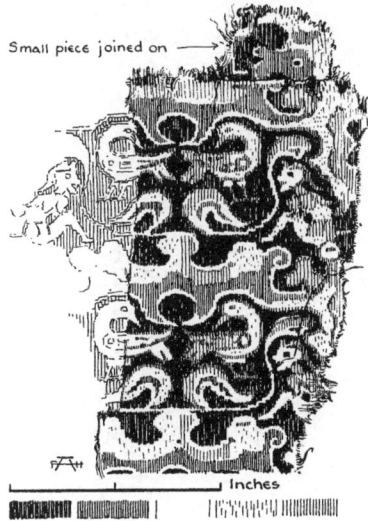

Small piece joined on →

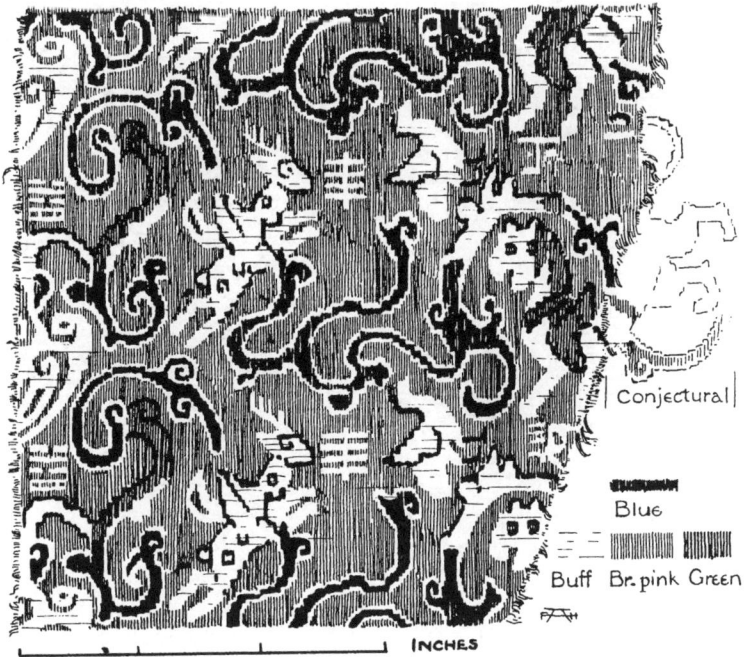

Conjectural

Blue

Buff Br. pink Green

INCHES

◎**丝织品图案示意图**

出自楼兰 L.C 遗址之墓葬

见第七章第三至六节

（缩 85%）

Ground, dark yellow-brown.
Pattern, rich bronze green.

Colour, dull saffron.

◎丝织品 L.C.02 图案示意图

出自楼兰 L.C 遗址之墓葬

见第七章第三至六节

Inches

◎丝织品和毛毯图案示意图

出自楼兰 L.C 遗址之墓葬

见第六章第三、五节；第七章第三至六节

（缩 55%）

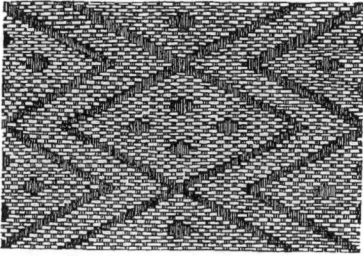

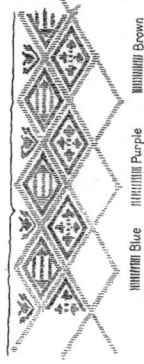

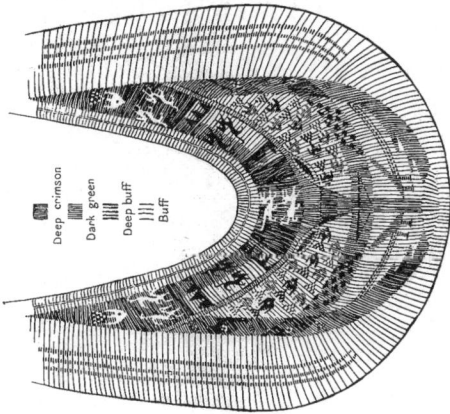

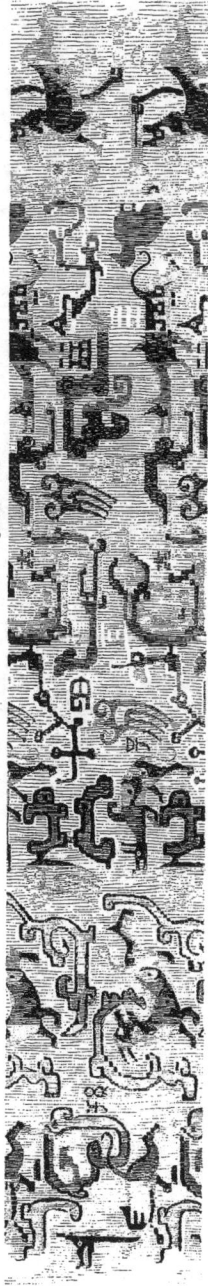

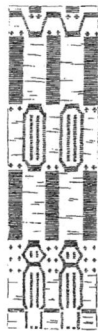

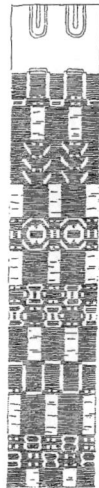

◎丝织品（包括锦和刺绣 L.C.vii.04）

图案示意图

出自楼兰和吐鲁番

见第七章第一至六节

比例：1:1（缩 84%）

L.C. v. 027. b.

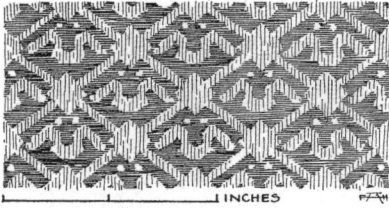

L.C. v. 027. a.

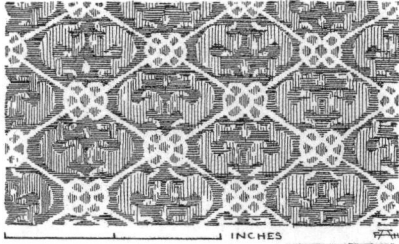

L.C. iv. 01. a.

L.C. vii. 04.

Toy. III. 033.

L.C. vi. 01.

Ast. i. I. 02. a.

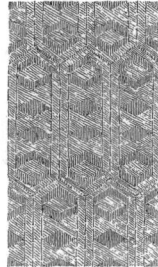

L.C. ii. 05. b.

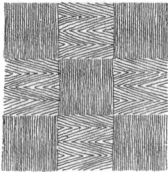

L.C. ix. 02.

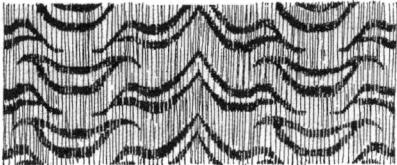

L A. VI. ii. 05.

◎毛挂毯和绒面地毯残片

出自楼兰 L.C 遗址之墓葬

见第七章第三至六节

比例：5:8（缩 82%）

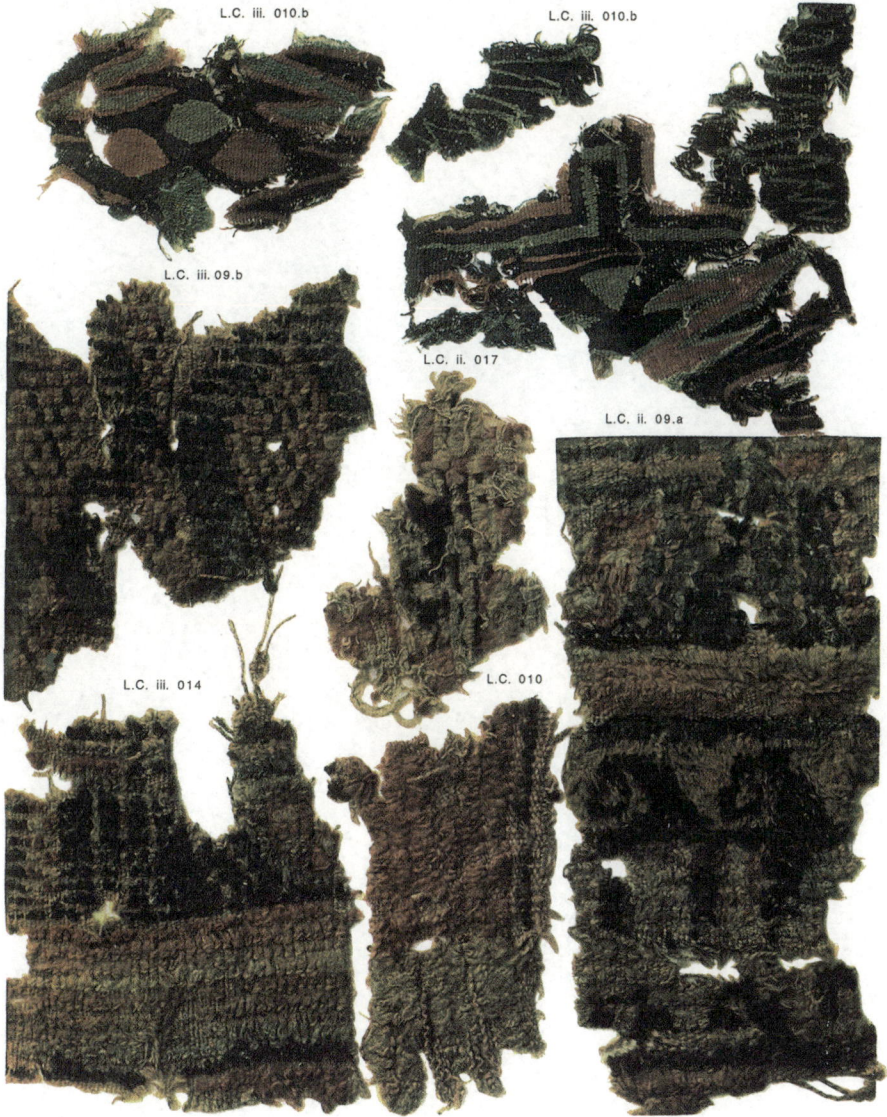

L.C. iii. 010.b

L.C. iii. 010.b

L.C. iii. 09.b

L.C. ii. 017

L.C. ii. 09.a

L.C. iii. 014

L.C. 010

◎丝绣残片

出自楼兰 L.C 遗址之墓葬、阿斯塔那和营盘墓地

见第七章第三至六节；第十九章第五、六节

第二十一章第一节

比例：3:4（缩 85%）

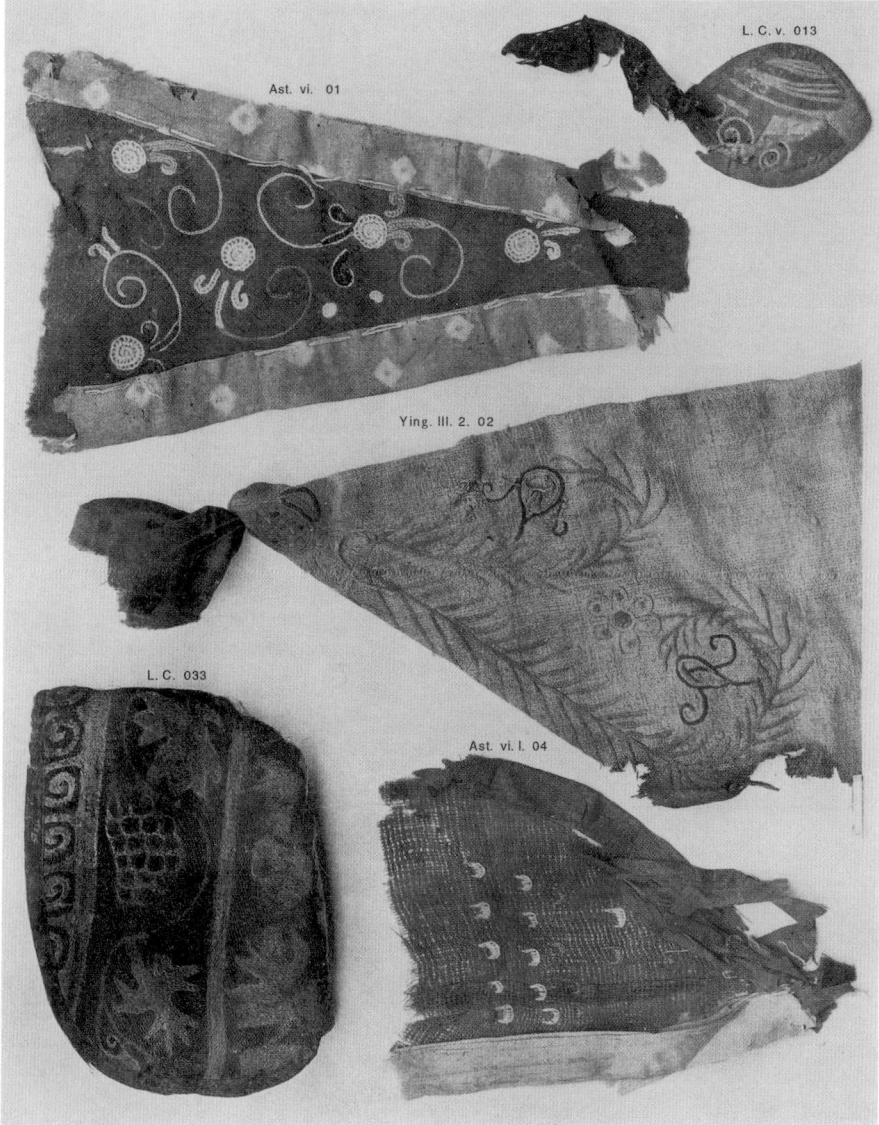

Ast. vi. 01

L. C. v. 013

Ying. III. 2. 02

L. C. 033

Ast. vi. l. 04

◎**木器、草编物品、细绳等**

出自汉长城烽燧

见第十章第一节；第十一章第一至四节；

第十二章第一、三节

比例：1:4（缩85%）

T. XLII. e. 02　　　T. XXIII. 01　　　T. XXIII. I. i. 05　　　T. XXII. e. 013　　　T. XIII. 02

T. XXIII. b. 06

T. XXIII. I. i. 03

T. XXIII. c. 011

T. 03

T. XLVI. h. 02

T. XLIV. a. 03

T. XLIII. I. 03

T. XLI. I. 06

T. XLVI. h. 06

T. XXIII. f. 013

T. XLIII. k. 010

T. XXII. e. 011

T. XXIII. a. 07

T. XLI. i. 03　　　T. XIII. 01

T. XXIII. a. 06

T. XLIII. j. 04

T. III. 010

T. XXIII. f. 04

T. XXII. d. i. 03

T. XXIII. o. 03

T. XLIII. j. 02　　　T. XXIII. a. 01

XLVII

◎木器、金属器等

出自汉长城烽燧

见第十章第一节；第十一章第一至四节；

第十二章第一、三节

比例：1:2（缩 85%）

T. XLVI. b. 03
T. XXIII. f. 011
T. XXIII. a. 06
T. XXIII. f. 03
T. XXIIII. o. 01
T. XLI. e. 02
T. XLIII. 01
T. XLIII. b. 01
T. XLIII. a. 05
T. XLIII. k. 026
T. XXII. d. 08
T. 01
T. XXIII. l. 01
T. XXIII. o. 02
T. XLIII. k. 03
T. XLIII. i. 01
T. XLVI. h. 04
T. XXII. e. 02
Cast. iron. 01
T. XLIII. i. 07
T. XLIV. a. 05
T. XXIII. i. 09
T. XLIV. d.
T. XXII. d. 04
T. XXII. f. 05
T. XLIV. a. 09
T. XXII. f. 04
T. XLIII. g. 011
T. XLIV. XXII. XXII. XLIII.
d. 02 f. 02 f. 04 c. 09
T. XLIV. T. XXIII.
c. 03 c. 07
T. XLIV. 015
T. XLIV. b. 04
T. XLIV. b. 05
T. XLIV. c. 05
T. XXIII. T. XXIII.
c. 010
T. XXIII. l. i. 06
T. XXIII. f. 015
T. XXII. b. 010
T. XLIII. l. 06
T. XXIII. c. 04
T. XXIII. c. 05

XLVIII

◎陶片

出自汉长城烽燧

见第十章第一节；第十一章第一至四节；

第十二章第一至三节

比例：2:5（缩85%）

◎泥浮雕

出自敦煌千佛洞和哈喇浩特

见第十章第二节；第十三章第二、四节

比例：1:3（缩85%）

Ch. 034　　　　Ch. 020　　　　Ch. 025

Ch. 016

Ch. 02　　Ch. 014　　Ch. 03　　　　　　K.K.I. 0142

Ch. 06　　Ch. 09　　Ch. 024

Ch. 021　　　　　　　　　　　Ch. 029

L

◎陶器、泥浮雕

出自哈喇浩特佛寺遗址、桥湾城等地

见第十一章第二节；第十三章第二、

四、五节；第十六章第二节

比例：1:3（缩85%）

◎陶片、带釉金属

出自阿都那克拉、哈喇浩特等地

见第五章第一节；第十三章第一至四节；

第二十二章第一节

比例：1:1（缩85%）

V. S. 019

K. E. X.-XI. 02

A. K. 02

A. K. 027

A. K. 028

A. K. 037

K. E. XV. 01

A. K. 07

K. K. 045

A. K. 026

Mer. 03

A. K. 010

A. K. 017

K. K. 047

A. K. 016

A. K. 018

A. K. 015

K. E. XIV. 08

◎带釉陶片

出自哈喇浩特 K.K.I 佛寺遗址

见第十三章第二、五节

比例：2:5（缩 85%）

◎泥浮雕

出自哈喇浩特佛寺遗址

见第十三章第二、三、五节

比例：7:16（缩85%）

K. K. II. 0139　　K. K. IV. 04　　　　K. K. I. 0150　　　　K. K. I. 0146　　K. K. IV. 016　　K. K. II. 090

K. K. I. 0136

K. K. I. 080

K. K. I. 073

K. K. II. 0128

K. K. I. 015

K. K. II. 0204　　K. K. I. 0147　　K. K. I. 0195　　K. K. II. 0115　　K. K. I. 0103　　K. K. IV. 06

K. K. II. 0188

K. K. II. 0189　　K. K. II. 0221　　K. K. II. 0118

K. K. II. 0126

K. K. II. 0135

K. K. I. 020　　　　　　　　　　　　　　　　　　K. K. II. 0202

K. K. II. 0190　　　　　　　　　　　　　　　　K. K. II. 0203

K. K. II. 0150　　K. K. II. 0312

K. K. IV. 023

K. K. I. i. 017

K. K. V. 088

K. K. I. 0149　　K. K. IV. 019　　　　K. K. II. 0104　　　　　　　K. K. II. 0173

K. K. I. 0225　　K. K. II. 0226　　　　　　　K. K. II. 0159

K. K. II. 0224

◎泥浮雕和泥塑头像残块

出自哈喇浩特 K.K.I 和 K.K.II 佛寺遗址

见第十三章第二、三、五节

比例：2:5（缩 85%）

K. K. I. 054   K. K. II. 0168   K. K. I. 034   K. K. I. 0126   K. K. I. 0189

K. K. II. 0185   K. K. II. 0141   K. K. I. 014

K. K. I. 069   K. K. II. 0184   K. K. I. 026

K. K. II. 0187   K. K. II. 0108   K. K. II. 0164

K. K. I. 0145

K. K. I. 0109

K. K. II. 0112   K. K. I. 085   K. K. II. 088

K. K. I. 096

◎泥塑残块

出自哈喇浩特 K.K.I~IV 佛寺遗址

见第十三章第二、三、五节

比例：1:3（缩 85%）

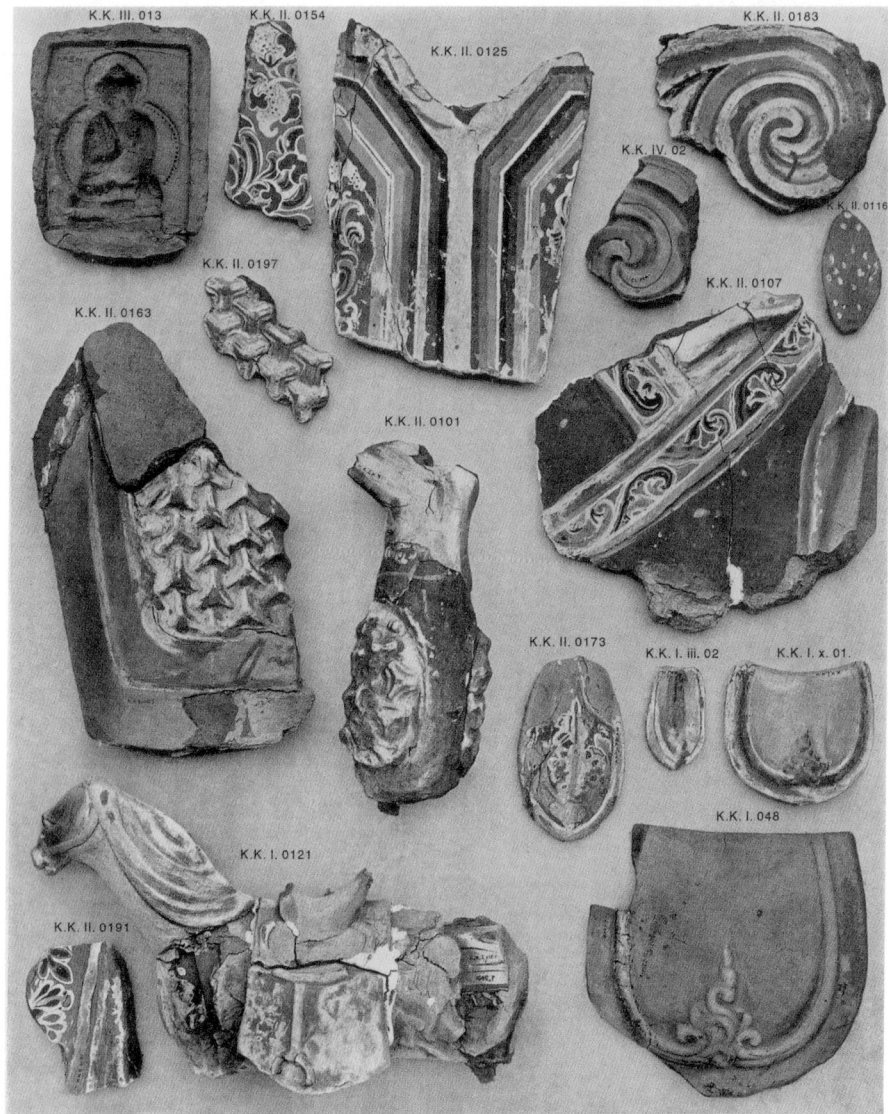

K.K. III. 013
K.K. II. 0154
K.K. II. 0125
K.K. II. 0183
K.K. IV. 02
K.K. II. 0116
K.K. II. 0197
K.K. II. 0107
K.K. II. 0163
K.K. II. 0101
K.K. II. 0173
K.K. I. iii. 02
K.K. I. x. 01.
K.K. I. 048
K.K. I. 0121
K.K. II. 0191

◎陶器、金属器

主要出自哈喇浩特遗址 E

见第十三章第三、五节；附录 M

比例：2:5（缩 85%）

K. E. XIV. 01

K. E. V. 020

Har. 028

K. E. X. 01

◎釉陶片、瓷片等

出自哈喇浩特遗址

见第十三章第二、三至五节

比例：3:5（缩 85%）

K. E. I. 01　　　K. K. 0115　　　K. E. XIV. 010　　　K. K. 0113

K. E. X-XI. 05

K. K. 0114

K. K. 0116　　　K. E. X-XI. 04

K. E. XIV. 07

K. E. X-XI. 01

K. E. XIV. 027

K. K. 021　　K. E. XIII. 04

K. K. 0112

K. E. XIII. 02

K. K. 038

K. E. XIII. 03

K. K. 037

K. E. X-XI. 07　　K. E. II. 01

K. K. 0111　　　　　　　　K. E. 01　　K. K. 0106　　K. K. 0102

K. E. XV. 02

◎纸画

出自哈喇浩特 K.K.II 遗址

见第十三章第三、五节

比例：9:16（缩 85%）

K. K. II. 0275. c

K. K. II. 0247. a

59 *LIX*

◎纸画

出自哈喇浩特 K.K.II 遗址

见第十三章第三、五节

比例：7:16（缩 85%）

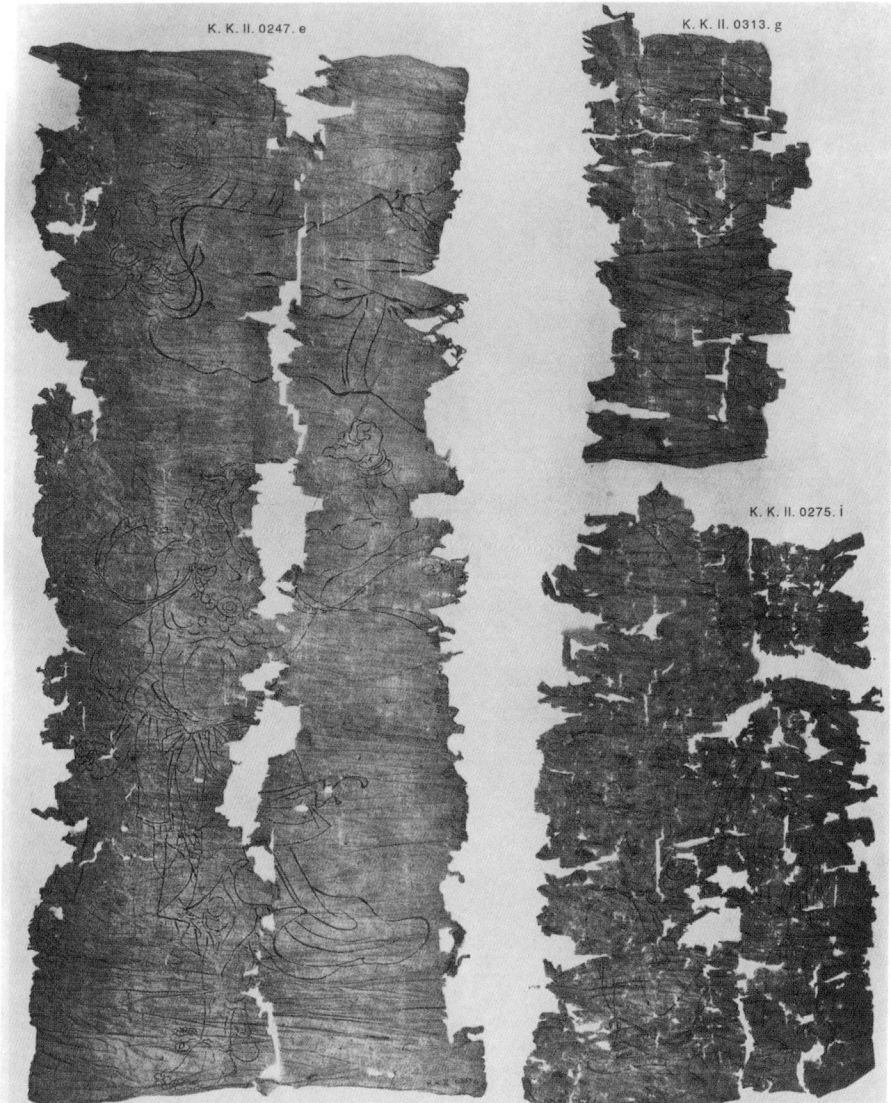

K. K. II. 0247. e

K. K. II. 0313. g

K. K. II. 0275. i

◎纸画

出自哈喇浩特 K.K.II 遗址

见第十三章第三、五节

比例：2:5（缩85%）

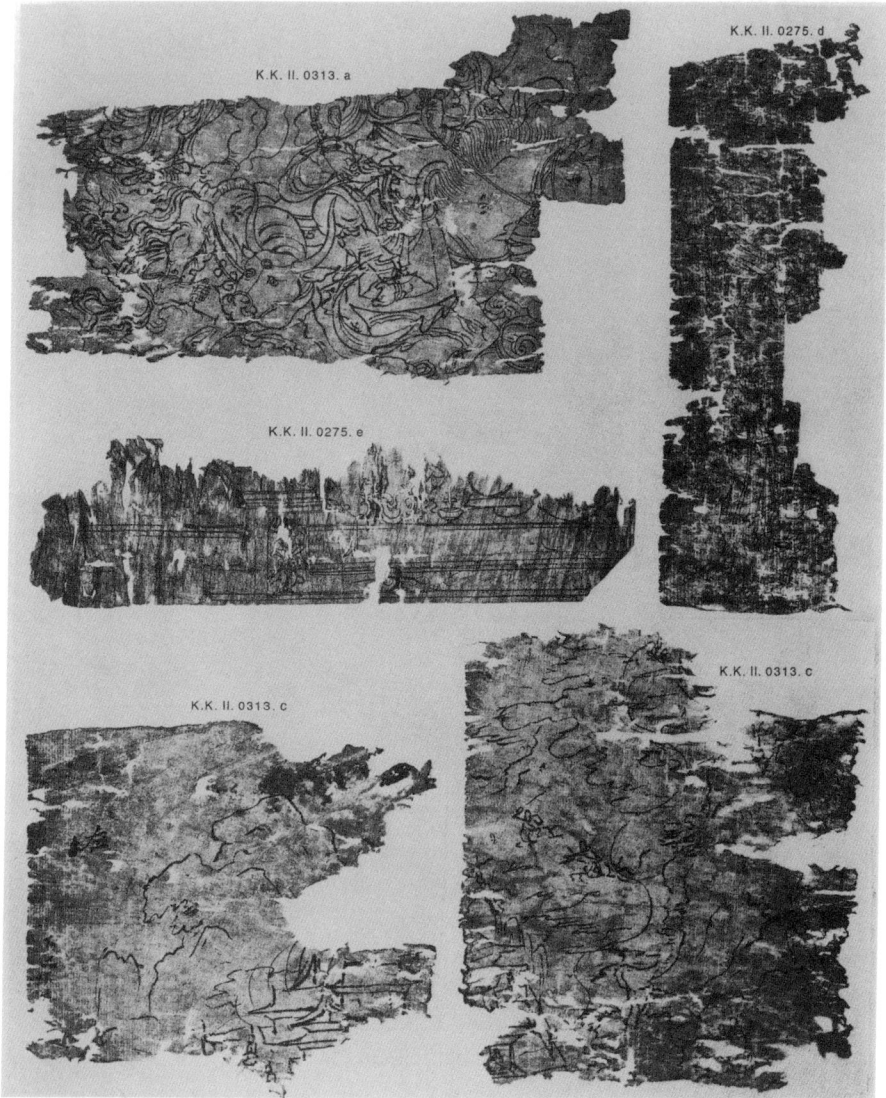

K.K. II. 0313. a

K.K. II. 0275. d

K.K. II. 0275. e

K.K. II. 0313. c

K.K. II. 0313. c

◎绢画

出自哈喇浩特 K.K.I 和 K.K.II 佛寺遗址

见第十三章第二、三、五节

比例：1:2（缩85%）

K.K. II. 0313. b

K.K. II. 0313. d

K.K. II. 0275. n

K.K. II. 0284. a. xxviii.

K.K. I. i. b. 01

◎版画

出自哈喇浩特 K.K.Ⅱ 佛寺遗址

见第十三章第三、五节

比例：1:2（缩 85%）

K.K. II. 0290. a

K.K. II. 0238. a

K.K.II. 0280. b

K.K.II. 0230. b

K.K. II. 0280. a

K.K. II. 0254

K.K. II. 0248. a

K.K.II. 0253. c

K.K. II. 0233. b

K.K. II. 017.s. iv.

K. K. II.
0227.a

◎版画

出自哈喇浩特 K.K.II 遗址

见第十三章第三、五节

比例：1:2（缩 85%）

K.K. II. 0241. a

K.K. II. 0242. a

K.K. II. 0231. b

K.K. II. 0242. a

K.K. II. 0285. b. vi

K.K. II. 0242. a

K.K. II. 0260. v

K.K. II. 0285. b. xi. l.

K.K. II. 0283. a. xx.

K.K. II. 0263. b

K.K. II. 0284. a

K.K. II. 0265. b

K.K. II. 0239. d

LXIV

◎版画

出自哈喇浩特 K.K.II 遗址

见第十三章第三、五节

比例：5:8（缩 85%）

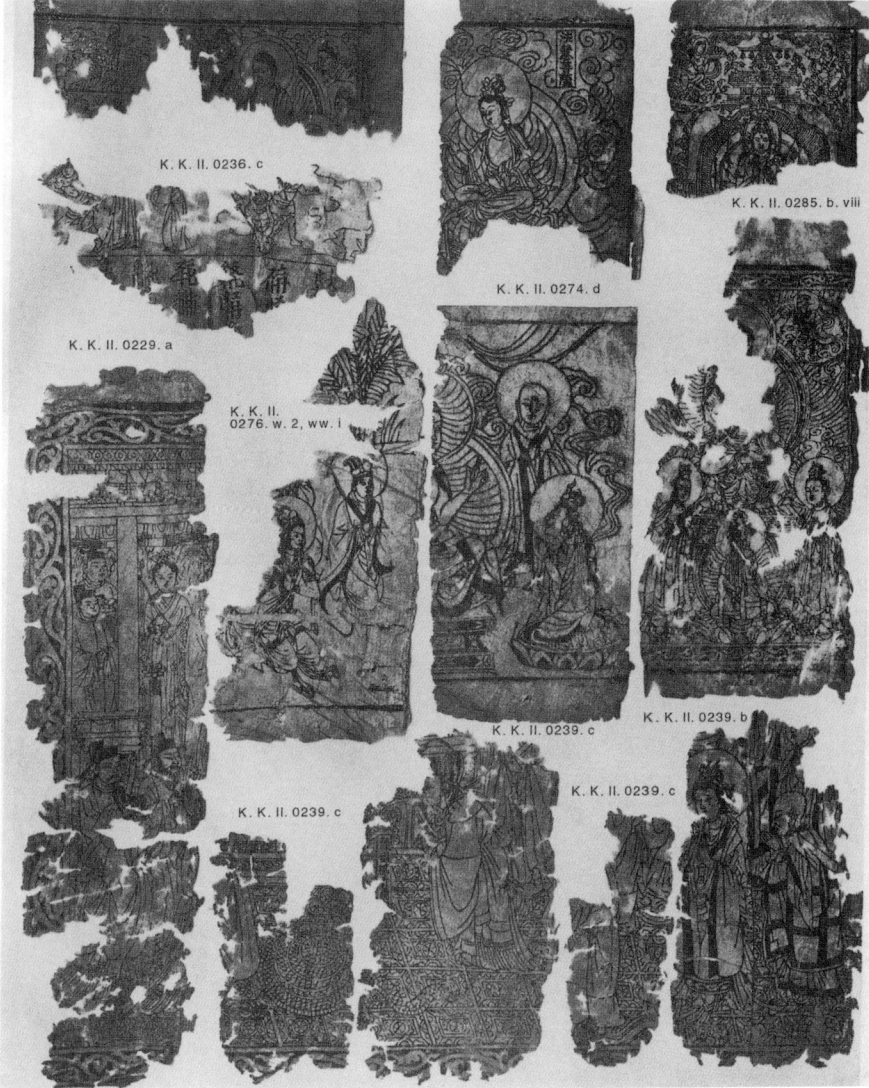

K. K. II. 0280. b. ii

K. K. II. 0262

K. K. II. 0283. a. xxi

K. K. II. 0236. c

K. K. II. 0285. b. viii

K. K. II. 0274. d

K. K. II. 0229. a

K. K. II. 0276. w. 2, ww. i

K. K. II. 0239. b

K. K. II. 0239. c

K. K. II. 0239. c

K. K. II. 0239. c

◎版画

出自哈喇浩特 K.K.II、III、V 佛寺遗址

见第十三章第三、五节

比例：1:2（缩 85%）

K.K. II. 0276. v

K.K. II. 0227. b

K.K. II. 0238. b

K.K. II. 0265. a

K.K. II. 0239. xx

K.K. II. 0293. a

K.K. II. 0281. axxxviii.

K.K. II. 0266. p

K.K. II. 0231. a

K.K. II. 0253. b

K.K. II. 0276. c

K.K. II. 0253. a

K.K. II. 0239. a

K.K. II. 0295. cc

K.K. III. 026. c

K.K. II. 0230. a

K.K. II. 0229. c

K.K. V. b. 019

K.K. II. 0282. b. x.

◎木器、金属器

出自哈喇浩特、额济纳河和吐鲁番等遗址

见第十三章第三、五节

比例：2:5（缩85%）

E.G. 05　　　　E.G. 06　　　　E.G. 011　　　　Kao. 025

K.K. II. 0161　　M.B. I. xi. 02

Kao. 023

K.K. 030

Toy. 054　　Kao. 029

K.K. 085

K.K. 056

E.G. 012

Toy. 060

K.K. 074

K.K. II. 01　　K.K. 013

M.B. I. xi. 03

M.B. I. ix. 01　　Taj. I. 01

K.K. II. 0162

一万

K.K. I. 042

M.B. I. xi. 01.

K.K. 081

E.G. 010

K.K. 01

K.K. 080

Toy. II. 03

◎泥浮雕

出自马蹄寺石窟

见第十四章第二节

比例：3:4（缩85%）

Ma-ti-ssu. 04　　Ma-ti-ssu. 01　　Ma-ti-ssu. 06　　Ma-ti-ssu. 05

◎木雕

出自德尔果德、马蹄寺、喀拉瓦玛尔

见第二章第二节；第十四章第二节；

第二十六章第四节

（缩 85%）

Darkôt. 01 (¹/₄)

Ma-ti-ssŭ. 010 (¹/₈)

Kala-Wāmar.02(¹/₄)

Kala-Wāmar. 01 (¹/₈)

◎泥浮雕像和陶器等

出自护堡子和喀拉霍加

见第十六章第二节；第十八章第一、二节

比例：5:8（缩 85%）

Hu. 01　　Kao. I. ii. 076. b　　Kao. 024　　Hu. 05

Hu. 08　　Hu. 07

Hu. 015

Hu. 06　　Hu. 02

Kao. V. 016

Hu. 013

Kao. III 059

Kao. 030

LXX

◎金属器

出自喀拉霍加 KAO.Ⅲ 遗址

见第十八章第一、二节

比例：1:3（缩 85%）

Kao. III. 0105
Kao. III. 07
Kao. III. 0106
Kao. III. 0111
Kao. III. 09
Kao. III. 0100
Kao. III. 04
Kao. III. 010
Kao. III. 0101
Kao. III. 0104
Kao. III. 0107
Kao. III. 013
Kao. III. 06
Kao. III. 0102
Kao. III. 014. 015
Kao. III. 099
Kao. III. 08

◎金属器、石器等

出自喀拉霍加

见第十八章第一、二节

比例：3:4（缩 85%）

Kao. III. 02
Kao. 035
Kao. 028
Kao. 016
Kao. III. 01
Kao. 034
Kao. 032
Kao. III. 0136
Kao. 01
Kao. 015
Kao. III. 011
Kao. 031
Kao. III. 0168
Kao. 03
Kao. III. 0137
Kao. III. 0177
Kao. III 0176
Kao. III. 0180
Kao. III. 0164
Kao. IV. 01
Kao. III. 0194
Kao. 02
Kao. III. 0174
Kao. III. 0171
Kao. I. ii. 074
Kao. III. 0170
Kao. I. ii. 070
Kao. III. 0172
Kao. III. 0169
Kao. III. 0135
Kao. 017
Kao. III. 0124
Kao. V. 08
Kao V. 02
Kao. 013
Kao. III. E. 03
Kao. III. 0116

LXXII

◎泥浮雕像残块

出自吐峪沟佛寺遗址

见第十八章第三、四节

比例：1:2（缩85%）

Toy. IV. ii. 074
Toy. IV. ii. 041
Toy. IV. 0144
Toy. IV. v. 01
Toy. 061
Toy. IV. 07
Toy. IV. ii. 061
Toy. IV. v. 03
Toy. IV. ii. 065
Toy. IV. ii. 059
Toy. IV. 056
Toy. IV. 065
Toy. IV. ii. 054
Toy. IV. v. 02
Toy. IV. 019
Toy. IV. 0141
Toy. IV. ii. 060
Toy. IV. ii. 057
Toy. IV. 025
Toy. IV. 0122
Toy. IV. 075
Toy. IV. ii. 080
Toy. 038
Toy. 061
Toy. IV. ii. 037
Toy. IV. ii. 058
Toy. IV. 077
Toy. IV. 0109
Toy. IV. 096
Toy. IV. vi. 03
Toy. IV. ii. 038
Toy. IV. 0137
Toy. IV. 010
Toy. IV. 015
Toy. IV. ii. 016
Toy. IV. vi. 04
Toy. IV. ii. 010
Toy. IV. ii. 077
Toy. IV. ii. 022
Toy. IV. ii. 024
Toy. IV. ii. 015

◎**版画 KAO.05（纸）**

出自喀拉霍加

见第十八章第一、二节

比例：3:4（缩 85%）

PIECE OF COLOURED BLOCK-PRINT, KAO. 05, FROM KARA-KHŌJA.

(See Chap. XVIII. sec. i, ii.)

Scale ³/₄

◎汉文墓志 AST.v.1.07

出自阿斯塔那墓地

见第十九章第二、六节；附录 A

比例：3:8（缩 85%）

◎汉文墓志

出自阿斯塔那墓地

见第十九章第一、三、四、六节；附录 A

比例：1:4（缩 85%）

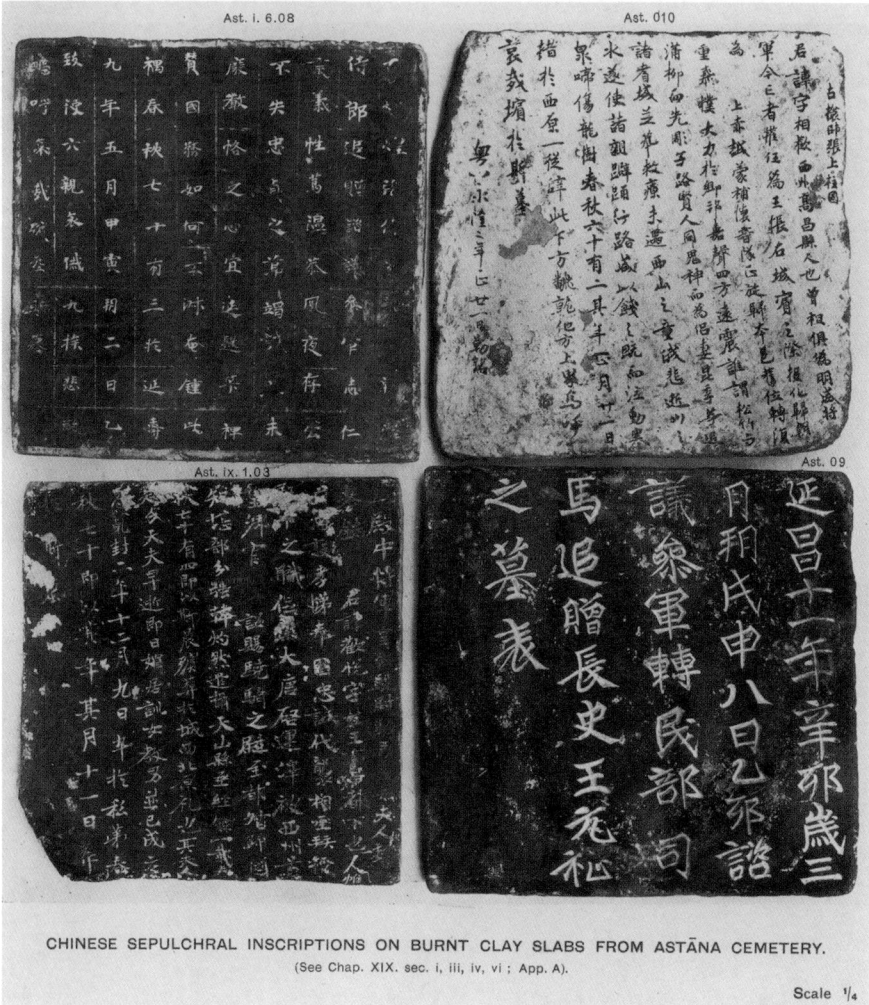

CHINESE SEPULCHRAL INSCRIPTIONS ON BURNT CLAY SLABS FROM ASTĀNA CEMETERY.

(See Chap. XIX. sec. i, iii, iv, vi ; App. A).

Scale ¹/₄

◎萨珊图案的丝织品 AST.i.5.03

出自阿斯塔那墓地

见第十九章第一、五、六节

比例：1:1（缩 85%）

PIECE OF FIGURED 'SASANIAN' SILK FABRIC, AST. i. 5.03, FROM ASTĀNA CEMETERY.

(See Chap. XIX. sec. i, v, vi).

◎羊皮纸小画像和丝毛织物的图案

出自和田、哈喇浩特和吐鲁番

见第四章第一、二节；第十三章第二、五节；

第十八章第一、二节；第十九章第五、六节

比例：15:16（缩82%）

Samp. 07

Ast. vi. 03.

Ast. vii. 1.01

Kao. 0111

K.K. I, ii. 01

Ast. ix. 2.025

REMAINS OF MINIATURE PAINTINGS ON PARCHMENT AND CLOTH, AND SPECIMENS OF WOOLLEN
TAPESTRY AND FIGURED SILKS FROM KHOTAN, KHARA-KHOTO AND TURFĀN SITES.

(See Chap. IV. sec. i, ii ; Chap. XIII. sec. ii, v ; Chap. XVIII. sec. i, ii ; Chap. XIX. sec. v, vi).

Scale $^{15}/_{16}$

LXXVIII

◎丝织品、刺绣图案

出自阿斯塔那墓地

见第十九章第一至三、五、六节

比例：3:4（缩 82%）

Ast. vi. 02　　Ast. vi. 3. 03　　　　Ast. ix. 2. 022　　　　　　Ast. v. 2, 01

Ast. vi. 3, 07

Ast. i. 1.011

Ast. i. 8.02

Ast. ix. 3.03

Ast. x. 1.06

Ast. x. 1.01

Ast. iii. 2.03

SPECIMENS OF FIGURED SILK FABRICS, EMBROIDERY AND 'RESIST'-DYED SILKS
FROM ASTĀNA CEMETERY.

(See Chap. XIX. sec. i-iii, v, vi).

Scale ³/₄

LXXIX

◎丝织品图案残片

出自阿斯塔那墓地

见第十九章第一、三、五、六节

比例：3:4（缩85%）

Ast. x.1.07

Ast. i. 5. b. 01

Ast. i. 3. a. 01

Ast. i. 7.05

Ast. ix. 2.01

FRAGMENTS OF FIGURED SILK FABRICS FROM ASTĀNA CEMETERY.

(See Chap. XIX. sec. i, iii, v, vi).

Scale ³/₄

◎丝织品图案示意图

出自阿斯塔那墓地

见第十九章第五、六节

（缩85%）

Ast. vii. l. 06 (¼)

□ Buff ▦ Crimson ▒ Green ■ DK. Blue

Ast. l. 1.01 (⁹/₁₆)

■ Light Gold　■ Gold　■ Green　■ Blue

Ast. vi. l. 03 (⁹/₁₆)

□ Pale Buff ▦ Dark Buff ▦ Light Blue ▨ Crimson ■ Black

Ast. ix. 3.02 (⁷/₈)

■ Brown　■ Blue　■ Gold　■ Light Gold

DRAWINGS SHOWING PATTERNS OF FIGURED SILK FABRICS FROM ASTĀNA CEMETERY.

(See Chap. XIX. sec. v, vi).

◎丝织品 AST.v.2.01 图案示意图

出自阿斯塔那墓地

见第十九章第五、六节

比例：1:1

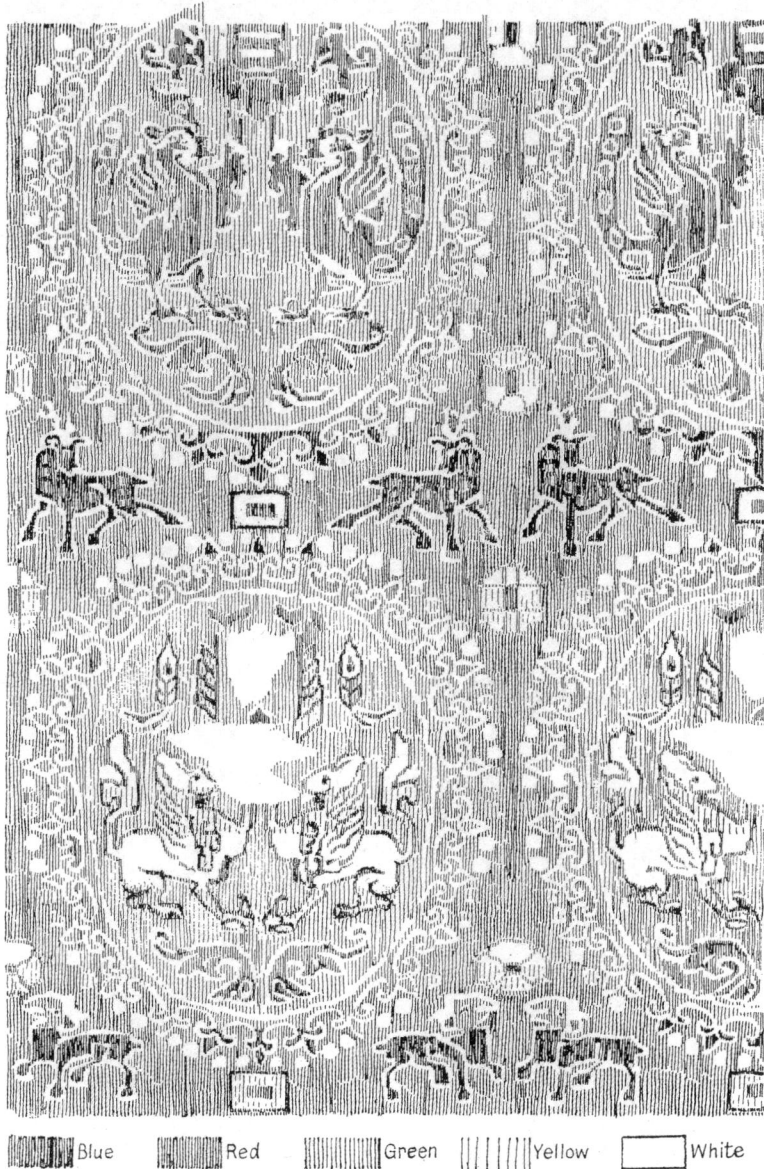

Blue   Red   Green   Yellow   White

DRAWING SHOWING PATTERN OF FIGURED SILK FABRIC,
Ast. v. 2. 01, FROM ASTĀNA CEMETERY.

See Chap. XIX. sec. v, vi.)

◎丝织品图案示意图

出自阿斯塔那墓地和吐峪沟

见第十八章第四节；第十九章第五、六节

比例：3:5（缩82%）

Ast. i. 7. 01

Ast. ix. 2. 012

Toy. IV. vii. 03. a

Ast. x. 1. 04

LIGHT BLUE　CRIMSON　PALE YELLOW

RED　YELLOW　BLUE

Black　WARM BUFF　Pale Buff

GREEN　YELLOW

DRAWINGS SHOWING PATTERNS OF PRINTED SILK FABRICS FROM ASTĀNA CEMETERY AND TOYUK.

(See Chap. XVIII. sec. iv ; Chap. XIX. sec. v, vi).　　　　Scale ³/₈

◎丝织品图案示意图

出自阿斯塔那墓地和哈喇浩特

见第十三章第五节；第十九章第五、六节

（缩85%）

Ast. i. 1. 011. (¹⁄₃)

Blue　Green　Brown　Orange　Buff　White

K.K. II. 018. (¹⁄₁)

Pale buff　☐ Pale yellow
Green　Dull brown

Ast. x. 1. 06. (¹⁄₃)

Dark blue　Light blue　Green　Red　Brown　Yellow

Ast. ix. 2. 02. (¹⁄₃)

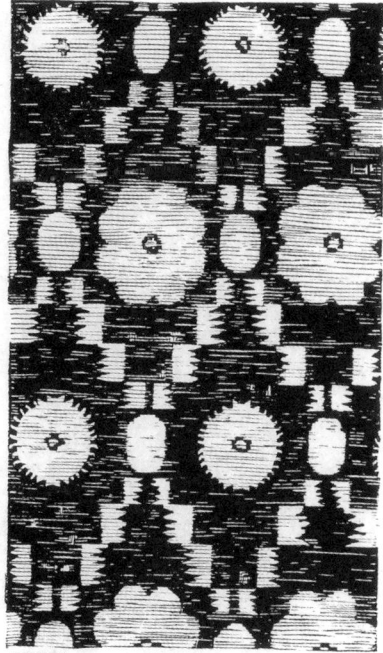

Blue　Buff

DRAWINGS SHOWING PATTERNS OF FIGURED SILK FABRICS AND EMBROIDERY,
FROM ASTĀNA CEMETERY AND KHARA-KHOTO.

(See Chap. XIII. sec. v: Chap. XIX. sec. v, vi.)

◎丝织品图案示意图

出自阿斯塔那墓地

第十九章第五、六节

（缩 81%）

Ast. i. 1. 010. ¹/₁

Ast. i. 7. 03. ¹/₁

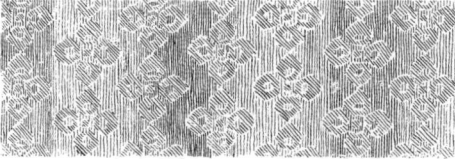

Ast. i. 5. a. 01. c. (¹/₁)

Ast. i. 5. a. 01. a. (¹/₂)

Two tones of brown.

DRAWINGS SHOWING PATTERNS OF SILK DAMASKS AND FIGURED SILK FABRIC,
FROM ASTĀNA CEMETERY.

See Chap. XIX. sec. v, vi

◎丝织品图案示意图

出自阿斯塔那墓地和吐峪沟

见第十八章第四节；第十九章第五、六节

比例：1:1（缩90%）

Toy. III. O33.

Toy. III. O33.

Ast. x. 1. O5.

Ast. viii. 1. O1.

DRAWINGS SHOWING PATTERNS OF SILK DAMASKS, FROM ASTĀNA CEMETERY AND TOYUK.

(See Chap. XVIII. sec. iv; Chap. XIX. sec. v, vi.)

SCALE ¹⁄₁

◎丝织品图案示意图

出自楼兰、哈喇浩特和吐鲁番

见第六章三、四节；第十三章第三、五节；

第十八章第一、二节；第十九章第五、六节

比例：7:8（缩85%）

Ast. vi. 1. 02.

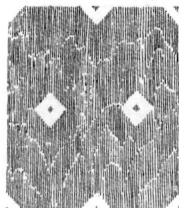

K.K. II. 016.

Kao. III. E. 01. a.

Kao. III. E. 01. a.

Kao. III. E. 01. b.

L.L. 02.

L.M. I. i. 08.

K.K. II. 034.

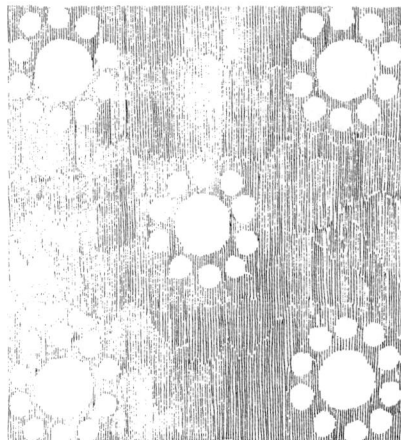

K.K. II. 032.

DRAWINGS SHOWING PATTERNS OF SILK FABRICS, PRINTED IN 'RESIST' OR 'KNOT-DYED',
FROM LOU-LAN, KHARA-KHOTO, AND TURFĀN SITES.

See Chap. VI. sec. iii, iv; Chap. XIII. sec. iii, v; Chap. XVIII. sec. i, ii;
Chap. XIX. sec. v, vi.)

SCALE ⁷⁄₈

LXXXVII

◎毛毯、丝织品等残片

出自楼兰、哈喇浩特和吐鲁番

见第七章第三至六节；第十三章第三、五节；

第十九章第五、六节

比例：1:2（缩85%）

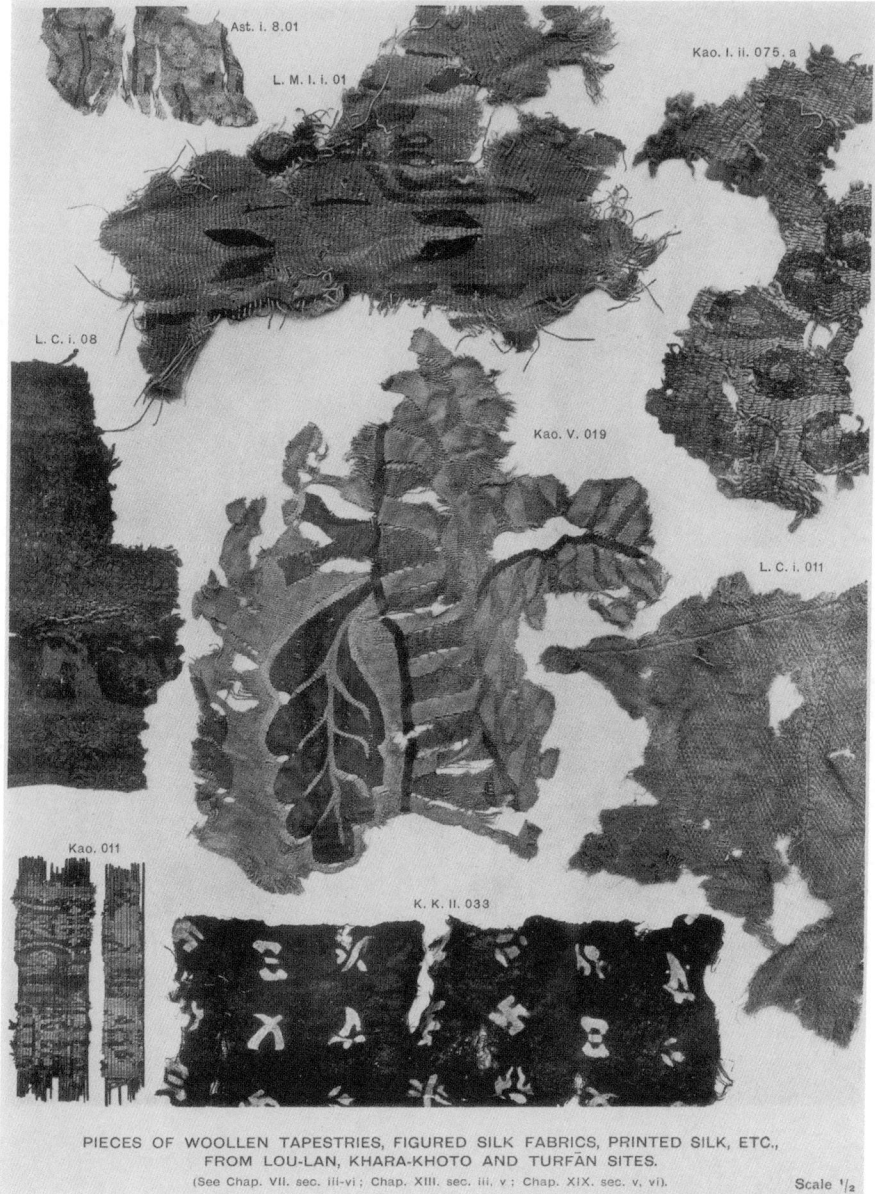

Ast. i. 8.01

L. M. I. i. 01

Kao. I. ii. 075. a

L. C. i. 08

Kao. V. 019

L. C. i. 011

Kao. 011

K. K. II. 033

PIECES OF WOOLLEN TAPESTRIES, FIGURED SILK FABRICS, PRINTED SILK, ETC.,
FROM LOU-LAN, KHARA-KHOTO AND TURFAN SITES.

(See Chap. VII. sec. iii-vi ; Chap. XIII. sec. iii, v ; Chap. XIX. sec. v, vi).

Scale ¹/₂

LXXXVIII

◎丝绣鞋

出自楼兰 L.H 墓地和喀拉霍加

见第七章第八节；第十八章第一、二节

比例：2:3（缩 83%）

Kao. III. 03

L. H. 04

Kao. III. 063

TAPESTRY AND SILK-EMBROIDERED SHOES FROM LOU-LAN CEMETERY L.H. AND KARA-KHŌJA.

(See Chap. VII. sec. viii ; Chap. XVIII. sec. i, ii).

Scale ²/₃

◎各种随葬物品

出自阿斯塔那墓地

见第十九章第一至四、六节

比例：1:2（缩85%）

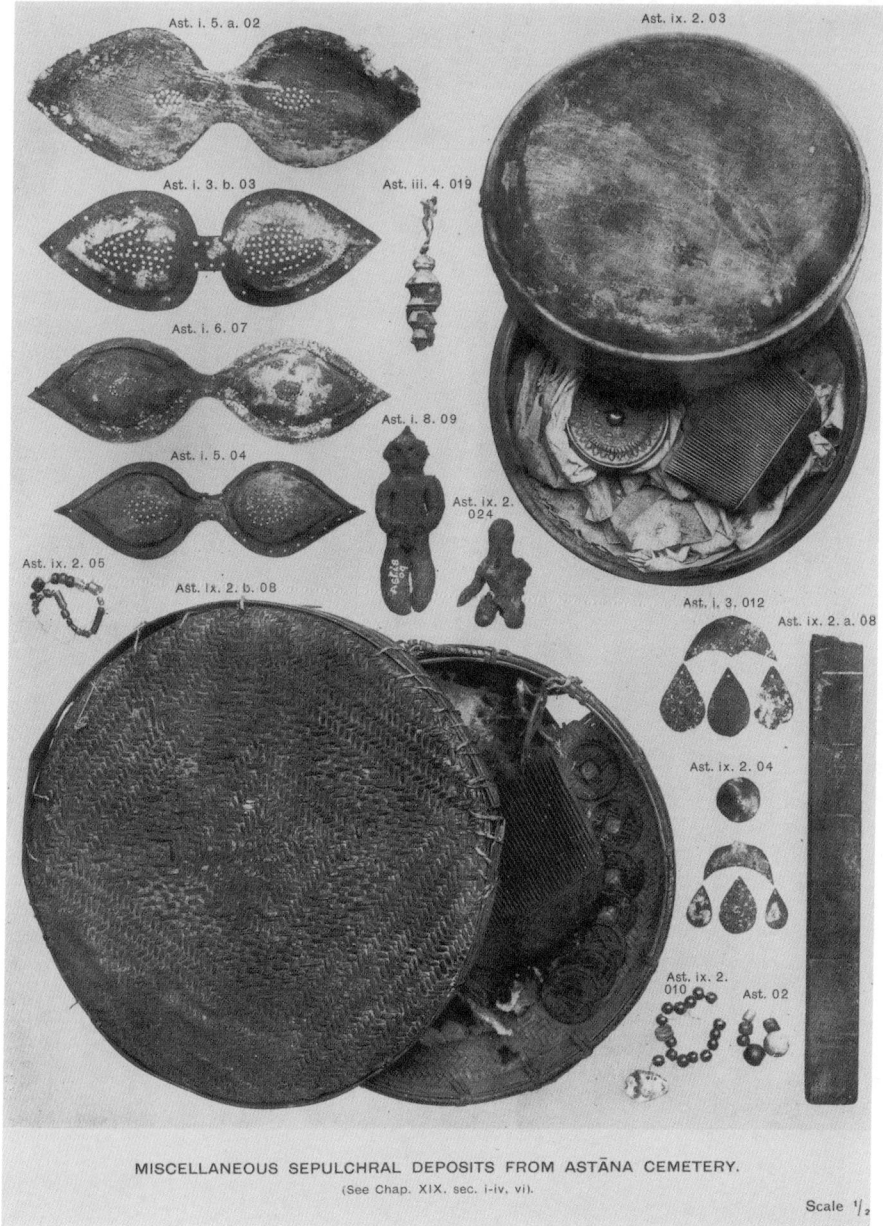

Ast. i. 5. a. 02

Ast. ix. 2. 03

Ast. i. 3. b. 03

Ast. iii. 4. 019

Ast. i. 6. 07

Ast. i. 8. 09

Ast. i. 5. 04

Ast. ix. 2. 024

Ast. ix. 2. 05

Ast. ix. 2. b. 08

Ast. i. 3, 012

Ast. ix. 2. a. 08

Ast. ix. 2. 04

Ast. ix. 2. 010

Ast. 02

MISCELLANEOUS SEPULCHRAL DEPOSITS FROM ASTĀNA CEMETERY.

(See Chap. XIX. sec. i-iv, vi).

Scale ¹/₂

◎随葬陶器

出自阿斯塔那墓地

见第十九章第一至三、六节

比例：3:8（缩85%）

Ast. ix. 6.08

Ast. vi. 1.015

Ast. i. 3.014

Ast. ix. 2.040

Ast. i. 4.012

Ast. ix. 3.04

Ast. ii. 2.023

Ast. i. 1.05

Ast. i. 1.06

Ast. ix. 2.041

Ast. viii. 1.05

Ast. vi. 3.020

Ast. i. 2.04

POTTERY WITH SEPULCHRAL OFFERINGS FROM ASTĀNA CEMETERY.

(See Chap. XIX. sec. i-iii, vi).

Scale ³/₈

◎随葬家用物品

出自阿斯塔那墓地

见第十九章第一至三、六节

比例：1:4（缩85%）

Ast. vi. 3.06
Ast. vi. 4.027
Ast. 01
Ast. i. 8.010
Ast. vi. 4.028
Ast. ix. 2.027
Ast. vi. 3.010
Ast. i. 2.05
Ast. ix. 2.032
Ast. vi. 3.017
Ast. ix. 2.034
Ast. vi. 1.018
Ast. vi. 4.023

MISCELLANEOUS TOMB FURNITURE FROM ASTĀNA CEMETERY.

(See Chap. XIX. sec. i-iii, vi).

Scale ¹/₄

◎随葬点心

出自阿斯塔那墓地

见第十九章第二、六节

比例：4:5（缩85%）

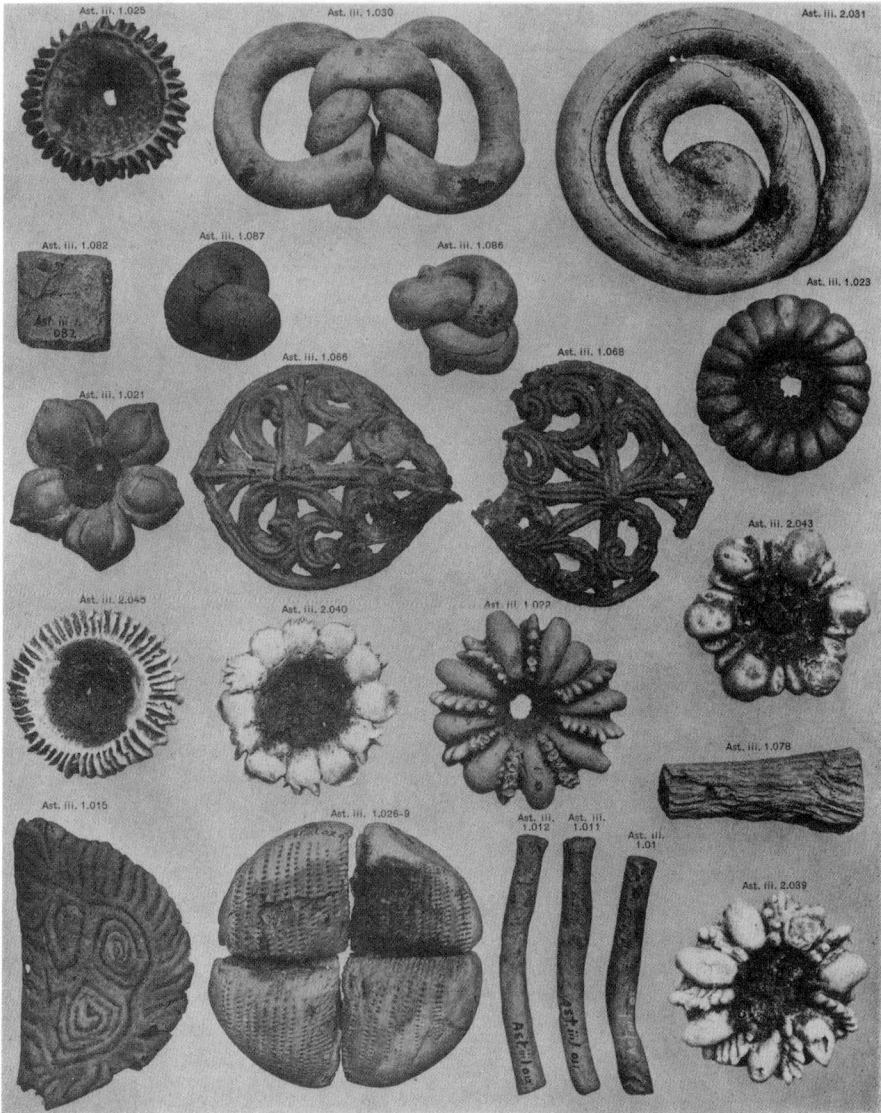

Ast. iii. 1.025 Ast. iii. 1.030 Ast. iii. 2.031

Ast. iii. 1.082 Ast. iii. 1.087 Ast. iii. 1.086

Ast. iii. 1.023

Ast. iii. 1.021 Ast. iii. 1.066 Ast. iii. 1.068

Ast. iii. 2.043

Ast. iii. 2.045 Ast. iii. 2.040 Ast. iii. 1.022

Ast. iii. 1.078

Ast. iii. 1.015 Ast. iii. 1.026-9 Ast. iii. 1.012 Ast. iii. 1.011 Ast. iii. 1.01

Ast. iii. 2.039

SEPULCHRAL DEPOSIT OF PASTRY FROM ASTĀNA CEMETERY.

(See Chap. XIX. sec. ii, vi).

Scale ⁴/₅

◎用木、纸等材料制作的随葬物品

出自阿斯塔那墓地

见第十九章第一至三、六节

比例：1:3（缩85%）

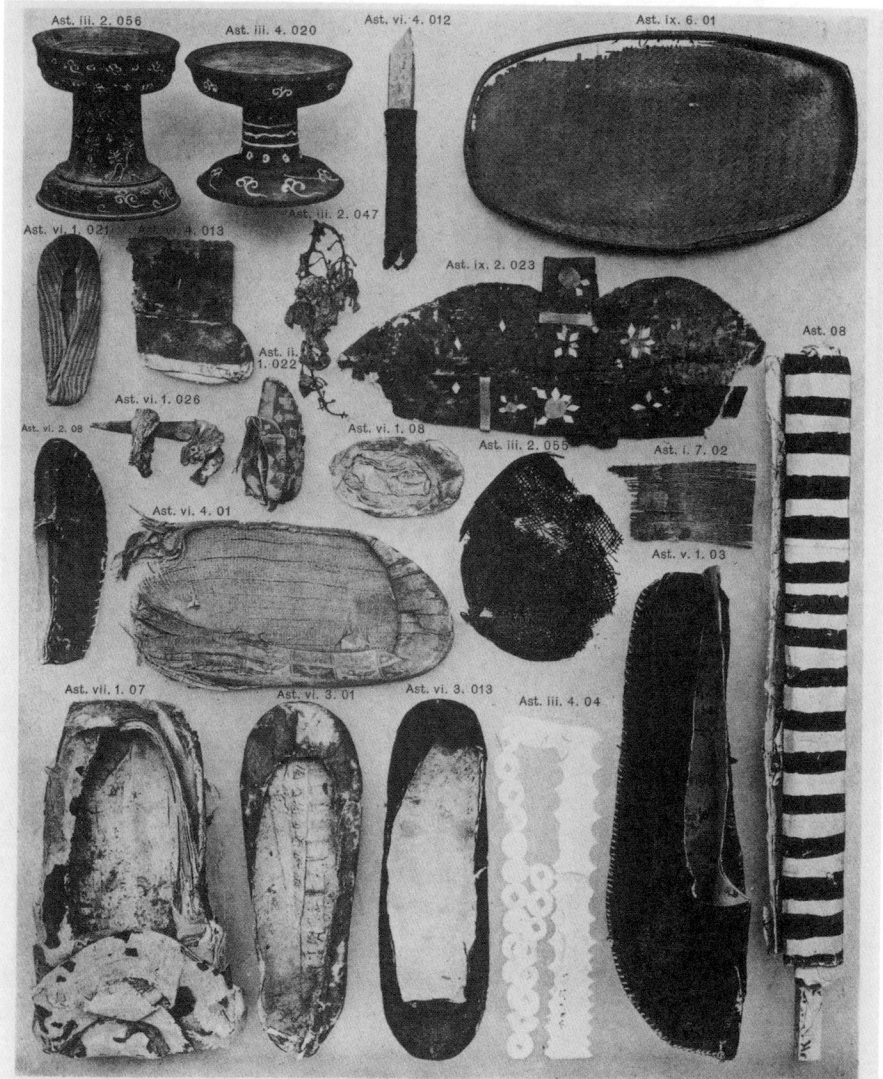

MISCELLANEOUS ARTICLES OF SEPULCHRAL OUTFIT IN WOOD, PAPER, ETC., FROM ASTĀNA CEMETERY

(See Chap. XIX. sec. i-iii, vi).

Scale 1/3

XCIV

◎随葬家具等物品，大部分为木质

出自阿斯塔那墓地

见第十九章第一至三、六节

比例：3:8（缩85%）

Ast. vi. 4.024   Ast. vi. 3.011   Ast. vi. 4.022   Ast. vi. 4.025

Ast. iii. 4.035, 039, 040

Ast. vi. 4.011

Ast. ii. 1.012

Ast. ii. 1.010

Ast. ix. 2. a. 09   Ast. iii. 4.052

Ast. ix. 2.06, 051   Ast. iii. 4.046, 051

Ast. vi. 1.013

Ast. vi. 4.019

Ast. vi. 4.021

Ast. iii. 2.07

Ast. vi. 2.09

Ast. i. 7.010

Ast. iii. 2.06

Ast. iii. 3.05

Ast. vii. 2.014

Ast. iii. 4.041, 057, 059

Ast. i. 7.08

SEPULCHRAL FURNITURE, ETC., MAINLY IN WOOD, FROM ASTĀNA CEMETERY.

(See Chap. XIX. sec. i-iii, vi).

Scale $^3/_8$

◎泥塑马 AST.iii.2.058、马镫 AST.iii.2.011

出自阿斯塔那墓地

见第十九章第二、六节

比例：1:4（缩85%）

CLAY MODEL OF HORSE, AST. iii. 2. 058, WITH STIRRUP, AST. iii. 2. 011, FROM ASTĀNA CEMETERY.
(See Chap. XIX. sec. ii. vi).

Scale ¹/₄

◎镇墓兽 AST.iii.2.059

出自阿斯塔那墓地

见第十九章第二、六节

比例：1:4

CLAY MODEL OF MONSTER, AST. iii, 2. 059, FROM ASTĀNA CEMETERY.

(See Chap. XIX. sec. ii, vi).

Scale ¹/₄

◎**泥塑马 AST.iii.2.057**

出自阿斯塔那墓地

见第十九章第二、六节

比例：1:3（缩 85%）

◎泥塑骆驼 AST.iii.4.015

出自阿斯塔那墓地

见第十九章第二、六节

比例：1:3（缩86%）

CLAY MODEL OF CAMEL, AST. iii. 4. 015, FROM ASTĀNA CEMETERY.

(See Chap. XIX. sec. ii, vi).

Scale ¹/₃

◎泥塑骑俑

出自阿斯塔那墓地

见第十九章第二、三、六节

比例：1:3（缩85%）

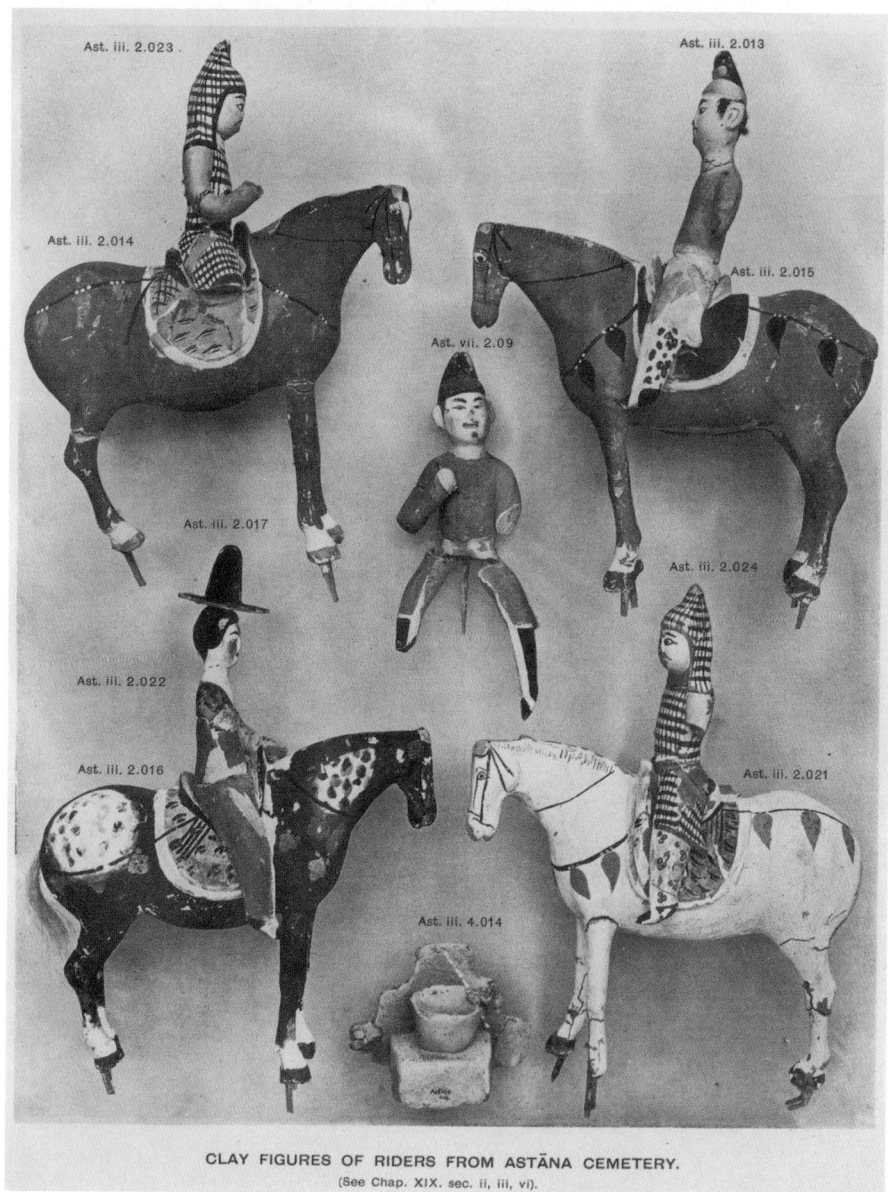

CLAY FIGURES OF RIDERS FROM ASTĀNA CEMETERY.
(See Chap. XIX. sec. ii, iii, vi).

◎泥塑女骑俑 AST.iii.2.022、
坐骑 AST.iii.2.016 和女侍者 AST.iii.4.064

出自阿斯塔那墓地

见第十九章第二、六节

比例：1:2（缩85%）

CLAY FIGURE OF LADY RIDER, AST. iii. 2. 022, ON HORSE, AST. iii. 2. 016, AND OF LADY ATTENDANT,
AST. iii. 4. 064, FROM ASTĀNA CEMETERY.
(See Chap. XIX. sec. ii. vi.)

Scale ¹/₂

◎泥塑马、木制品等

出自阿斯塔那墓地和哈喇浩特

见第十八章第二、五节；第十九章第二、三、六节

比例：3:8（缩83%）

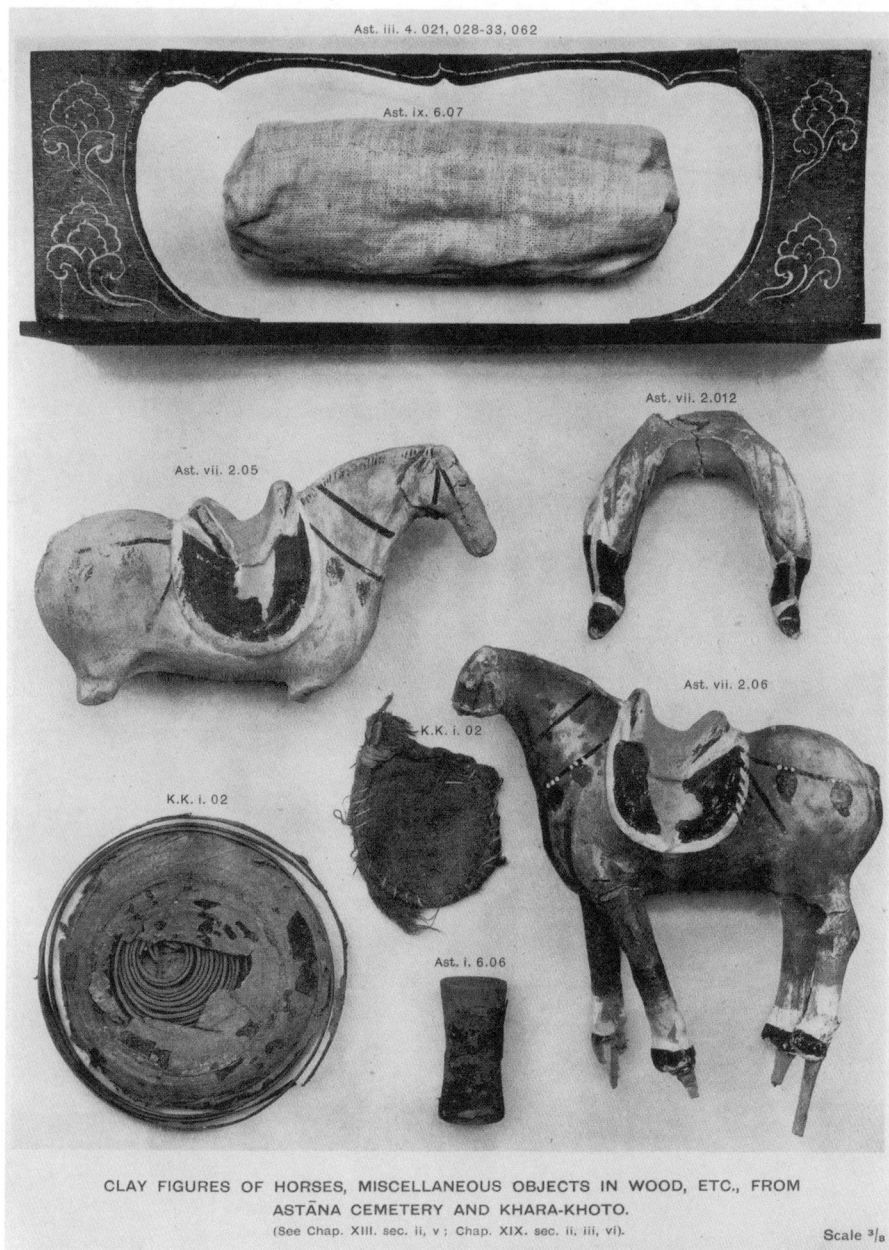

Ast. iii. 4. 021, 028-33, 062

Ast. ix. 6.07

Ast. vii. 2.012

Ast. vii. 2.05

Ast. vii. 2.06

K.K. i. 02

K.K. i. 02

Ast. i. 6.06

CLAY FIGURES OF HORSES, MISCELLANEOUS OBJECTS IN WOOD, ETC., FROM
ASTĀNA CEMETERY AND KHARA-KHOTO.
(See Chap. XIII. sec. ii, v ; Chap. XIX. sec. ii, iii, vi).

Scale ³/₈

◎随葬泥塑像

出自阿斯塔那墓地和木头沟

见第十八章第五节；第十九章第一、三、六节

比例：2:5（缩85%）

Ast. viii. 1.03

Ast. x. 1.09

Ast. i, 8.08

Ast. vii. 2.03

Ast. vii. 2.02

M.C. III. 018

Ast. vii. 2.08

REMAINS OF CLAY FIGURES FROM ASTĀNA CEMETERY AND MURTUK.

(See Chap. XVIII. sec. v ; Chap. XIX. sec. i, iii, vi).

Scale ²/₅

◎涂色泥塑人物

出自阿斯塔那墓地和吐峪沟

见第十八章第三、四节；第十九章第二、三、六节

比例：2:5（缩82%）

Ast. iii. 2.010   Ast. iii. 4.072. a   Ast. iii. 4.072. b   Ast. iii. 4.064   Ast. iii. 2.048   Ast. iii. 4.073

Ast. iii. 2.012   Ast. iii. 2.049   Ast. iii. 2.050   Ast. vii. 2.011

Toy. 050   Toy. 053   Toy. 052

Ast. vii. 2.013

CLAY FIGURES WITH MISCELLANEOUS OBJECTS IN STUCCO AND CLAY FROM ASTĀNA AND TOYUK.

(See Chap. XVIII. sec. iii, iv : Chap. XIX. sec. ii, iii, vi).

Scale ²|₅

◎泥塑、木雕、陶片

出自阿斯塔那墓地和吐峪沟

见第十八章第三、四节；第十九章第一至三、六节

比例：2:5（缩83%）

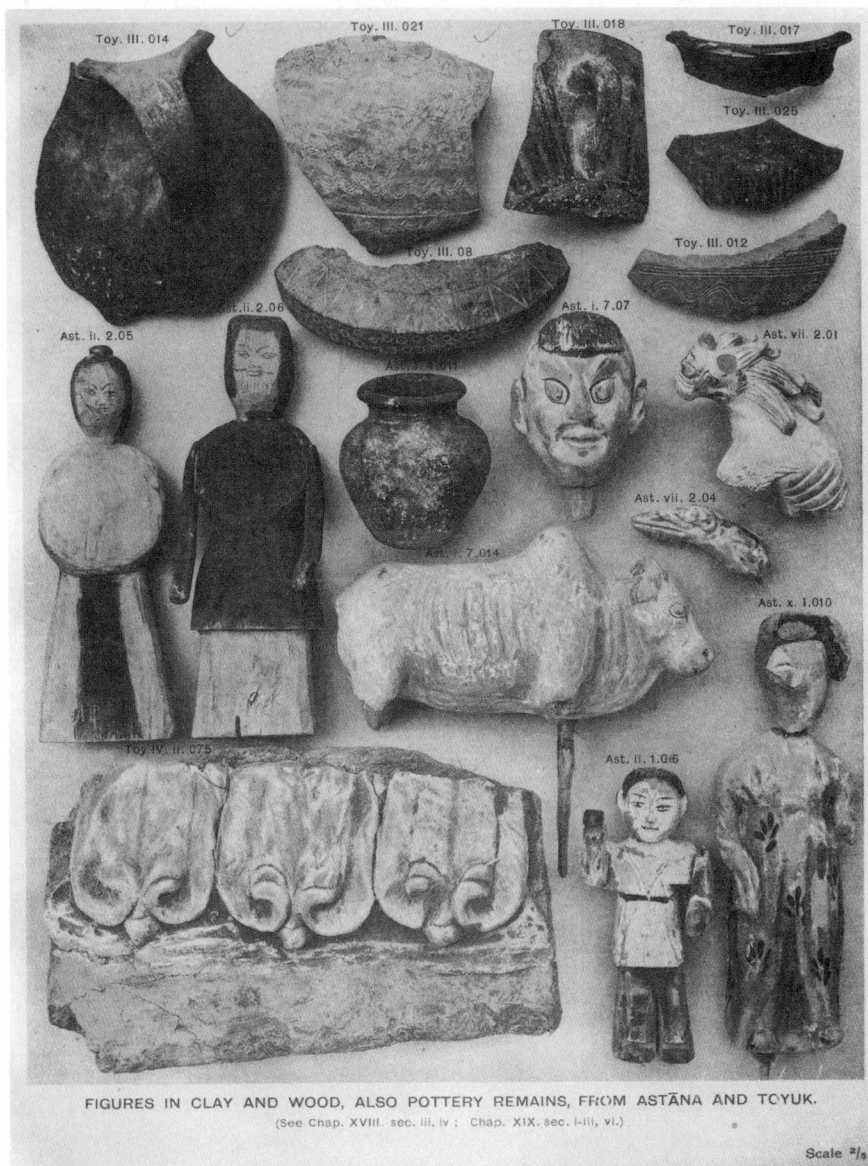

FIGURES IN CLAY AND WOOD, ALSO POTTERY REMAINS, FROM ASTĀNA AND TOYUK.

(See Chap. XVIII. sec. iii, iv ; Chap. XIX. sec. i-iii, vi.)

Scale ²/₅

◎木雕和其他随葬物品

出自阿斯塔那墓地

见第十九章第一至三、六节

比例：3:8（缩83%）

Ast. vi. 1.011   Ast. vi. 4.04   Ast. vi. 4.07   Ast. vi. 4.05   Ast. vi. 1.010

Ast. ii. 1.07

Ast. vi. 1.024   Ast. vi. 1 014   Ast. vi. 2.05

Ast. vi. 2.02   Ast. ii. 1.026

Ast. vi. 1.023

Ast. iii. 4.061

Ast. i. 2.06

Ast. vi. 4.09

Ast. vi. 3.016

Ast. i. 1.012

Ast. vi. 4.026

Ast. ix. 2.043

Ast. vi. 1.019

FIGURES IN WOOD AND MISCELLANEOUS SEPULCHRAL DEPOSITS FROM ASTĀNA CEMETERY.

(See Chap. XIX. sec. i–iii, vi).

◎残绢画 AST.iii.4.010.a,

画面为夫人和童仆

出自阿斯塔那墓地

见第十九章第二、六节

比例：4:5（缩 85%）

PORTION OF SILK PAINTING, AST. iii. 4. 010. a, SHOWING LADY AND PAGE,
FROM ASTĀNA CEMETERY.

(See Chap. XIX. sec. ii, vi).

Scale ⁴/₅

◎残绢画 AST.ⅲ.4.010.b~j

出自阿斯塔那墓地

见第十九章第二、六节

比例：5:8（缩 76%）

FRAGMENTS FROM DIFFERENT PANELS OF SILK PAINTING, AST. iii. 4. 010. b.j. FROM ASTĀNA CEMETERY.

(See Chap. XIX. sec. ii. vi).

Scale ³/₈

◎残纸画和绢画

出自哈喇浩特、阿斯塔那墓地和烽燧 Y.II

见第十三章第二、五节；第十九章第二、三、六节；

第二十一章第三、四节

比例：1:4（缩85%）

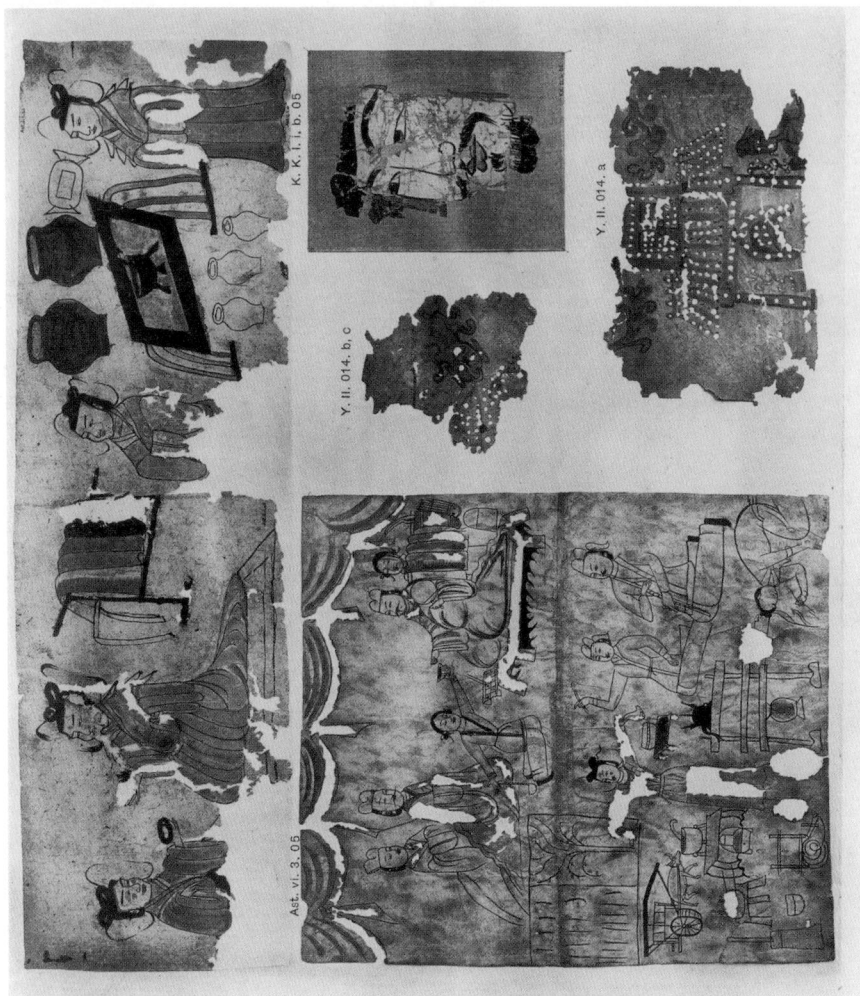

◎棺盖上的绢画 AST.ix.2.b.012

出自阿斯塔那墓地

见第十九章第三、六节

比例：1:5（缩85%）

◎幡画 AST.IX.2.054，画面为

伏羲女娲神像

出自阿斯塔那墓地

见第十九章第三、六节

比例：1:5（缩80%）

PAINTED SILK HANGING, AST. IX. 2. 054, SHOWING FU HSI AND NÜ WA.
(See Chap. XIX. sec. iii. vi).

◎木器、玻璃器、陶器等

出自营盘和烽燧 Y.III

见第二十一章第一、三、四节

比例：9:16（缩83%）

Ying. III. 3. 07

Ying. III. 3. 06

Ying. III. 2. 015

Ying. III. 2. 010

Ying. III. 2. 09

Ying. II. 05

Y. I. 02

Ying. I. 08

Ying. I. 015

Y. II. 09

Y. II. 01

Y. III. 02

Ying. III. 2. 016
(2/5)

Y. II. 02

Y. II. 013

MISCELLANEOUS OBJECTS IN WOOD, GLASS, POTTERY, ETC.,
FROM YING-P'AN AND WATCH STATIONS, Y. I-III
(See Chap. XXI. sec. i. iii iv).

Scale 9/16

◎印章、图记和小型金属器、石器、玻璃器等

主要出自库车

见第二十三章第三节

比例：5:8（缩85%）

SEALS AND OTHER SMALL OBJECTS IN METAL, STONE, GLASS, ETC.,
MAINLY FROM KUCHĀ SITES.

(See Chap. XXIII. sec. iii).

Scale ⁵/₈

◎石器

出自锡斯坦三角洲荒漠地带

见第三十章第二、三节

比例：1:1（缩 85%）

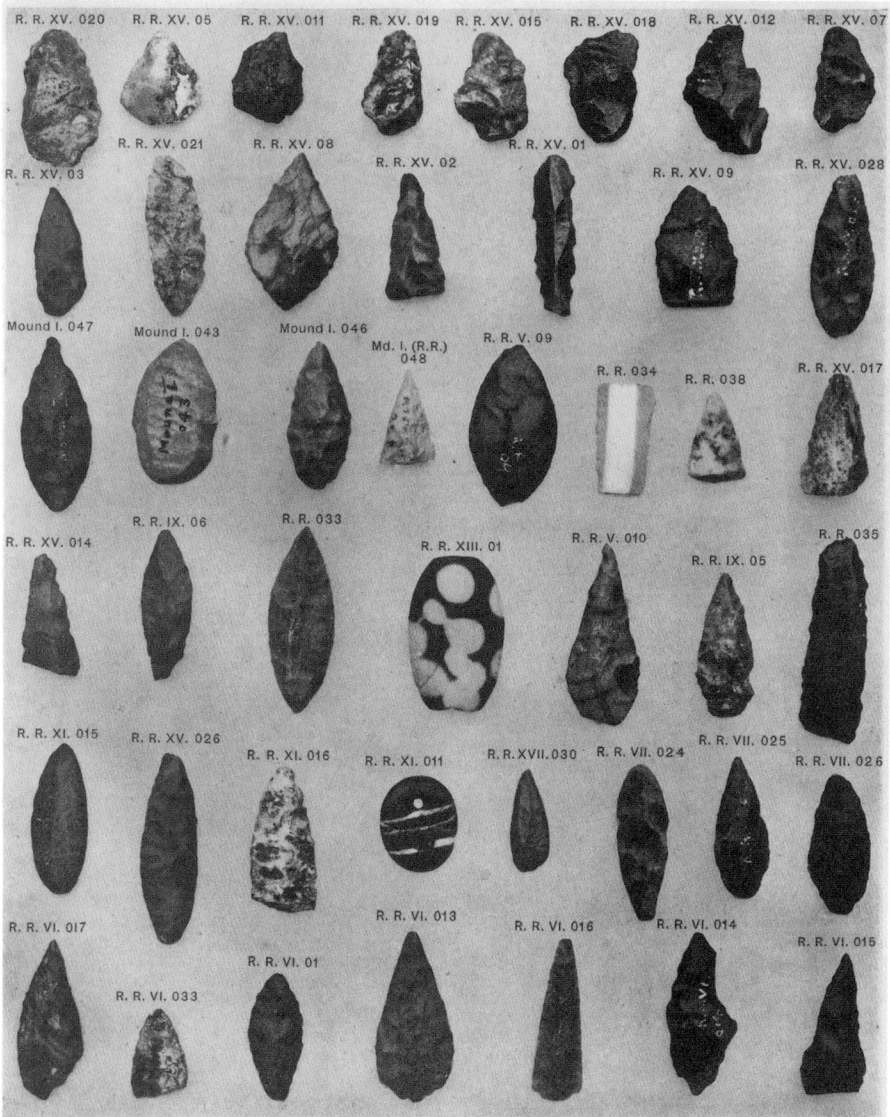

STONE IMPLEMENTS FROM DESERT DELTA OF SĪSTĀN.

(See Chap. XXX. sec. ii, iii).

Scale ¹/₁

◎史前陶片

出自锡斯坦三角洲荒漠地带

见第三十章第二、三节

比例：3:8（缩85%）

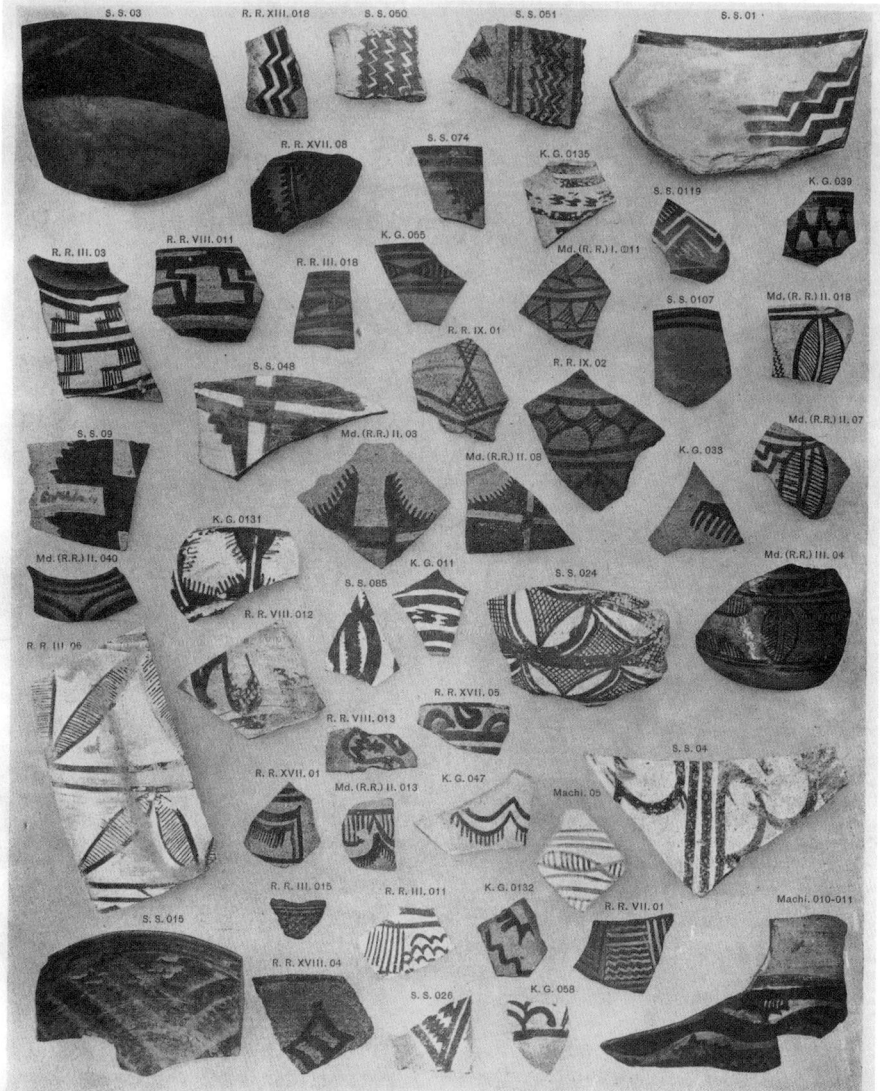

FRAGMENTS OF PREHISTORIC POTTERY FROM DESERT DELTA OF SĪSTĀN.

(See Chap. XXX. sec. ii, iii.)

Scale $^3/_8$

◎**史前陶器残片**

出自锡斯坦三角洲荒漠地带

见第三十章第二、三节

比例：2:5（缩85%）

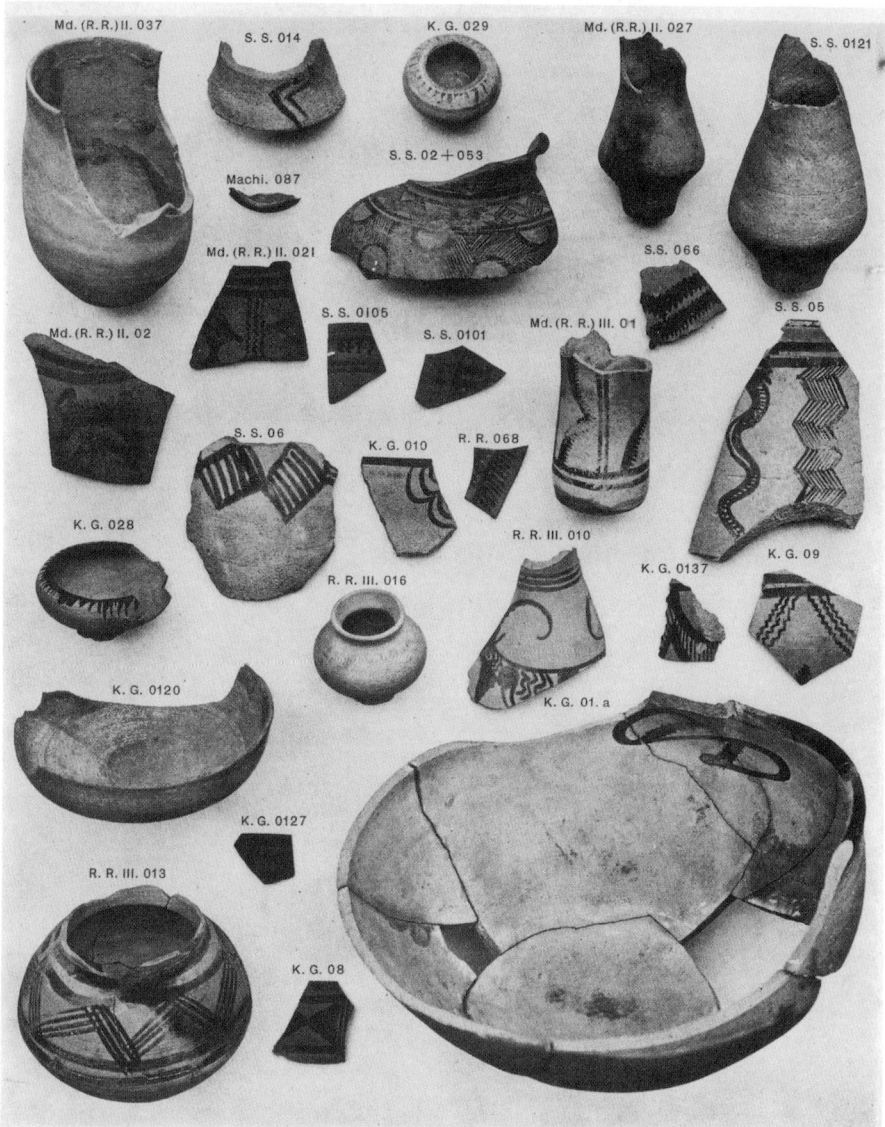

Md.(R.R.)II.037　　S.S.014　　K.G.029　　Md.(R.R.)II.027　　S.S.0121

Machi. 087　　　　S.S.02＋053

Md.(R.R.)II.021　　　　　　　　　　S.S.066

S.S.0105　　　　　　Md.(R.R.)III.01　　S.S.05

Md.(R.R.)II.02　　　　　　S.S.0101

S.S.06　　K.G.010　　R.R.068

K.G.028　　　　　　　　　　R.R.III.010

R.R.III.016　　　　　　　　K.G.0137　　K.G.09

K.G.0120　　　　　　　　　K.G.01.a

K.G.0127

R.R.III.013　　　　K.G.08

REMAINS OF PREHISTORIC POTTERY FROM DESERT DELTA OF SĪSTĀN.

(See Chap. XXX. sec. ii-iii).

Scale $^2/_5$

◎陶片

出自锡斯坦三角洲荒漠地带

见第二十八章第二节；第二十九章第一、三、四节；

第三十章第三节

比例：7:16（缩85%）

FRAGMENTS OF UNGLAZED POTTERY FROM SĪSTĀN SITES.

(See Chap. XXVIII. sec. ii ; Chap. XXIX. sec. i, iii, iv ; Chap. XXX. sec. iii).

Scale $^7/_{16}$

◎金属器、陶器、玻璃器

出自锡斯坦三角洲荒漠地带

见第二十七章第二节；第二十九章第三、四节；

第三十章第三节

比例：1:1（缩83%）

R.R. IX. 026
Muj. 011
R.R. XII. 037
K.G. 0207
R.R. XVII. 031
Nad Ali. 014
Nad Ali. 015
Akh. 021
Muj. 010
Nad Ali. 012
Sar. 02
Sar. 04
Nad Ali. 013
K.G. 0208
R.R. XI. 013
Machi. 057
R.R. III. M. III. 01
S.S. 055
Sar. 03
K.G. 02. a
K.G. 0295
Khu. 02
K.G. 0286
Sar. 01
R.R. XVIII. 01
K.G. 0209
R.R. XI. 014
Muj. 09
K.G. 0179
K.G. 0305
K.G. 0174
K.G. 0178
A. 032
K.G. 0303
K.G. 0175
K.G. 0306
K.G. 0169
R.R. 031

OBJECTS IN METAL, POTTERY, GLASS MAINLY FROM SĪSTĀN SITES.

(See Chap. XXVII. sec. ii ; Chap. XXIX. sec. iii, iv ; Chap. XXX. sec. iii).

Scale ¹/₁

◎晚期釉陶片

出自锡斯坦三角洲荒漠地带

见第二十九章第三、四节；

比例：7:16（缩83%）

FRAGMENTS OF LATER GLAZED POTTERY FROM SĪSTĀN SITES.

(See Chap. XXIX. sec. iii. iv).

Scale 7/16

◎釉陶片

出自锡斯坦三角洲荒漠地带

见第二十七章第二节；第二十九章第三、四节；

第三十章第二、三节

比例：3:8（缩85%）

FRAGMENTS OF GLAZED WARE FROM KHORĀSĀN AND SĪSTĀN SITES.

(See Chap. XXVII. sec. ii ; Chap. XXIX. sec. iii, iv ; Chap. XXX. sec. ii, iii).

Scale $^3/_8$

◎汉文—法佉文二体钱、贵霜王朝钱币和

中国古币

出自和田、楼兰、吐鲁番及其他地区

见附录 B 表格

比例：1:1（缩 83%）

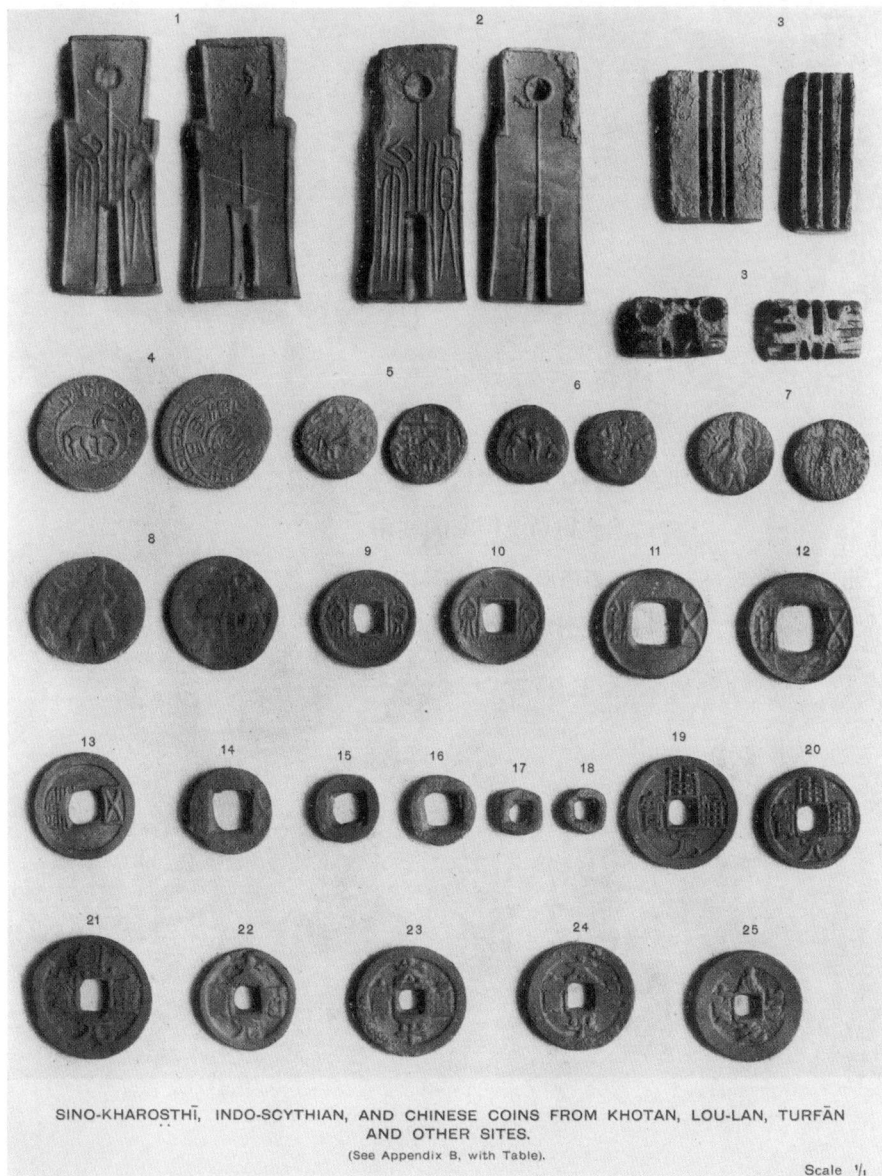

SINO-KHAROSTHĪ, INDO-SCYTHIAN, AND CHINESE COINS FROM KHOTAN, LOU-LAN, TURFĀN
AND OTHER SITES.

(See Appendix B, with Table).

Scale ¹/₁

◎**中世纪中国、拜占庭、萨珊、**

伊斯兰国家的钱币

出自和田、哈喇浩特、阿斯塔那、库车和锡斯坦

见附录 B 表格

比例：1:1（缩 85%）

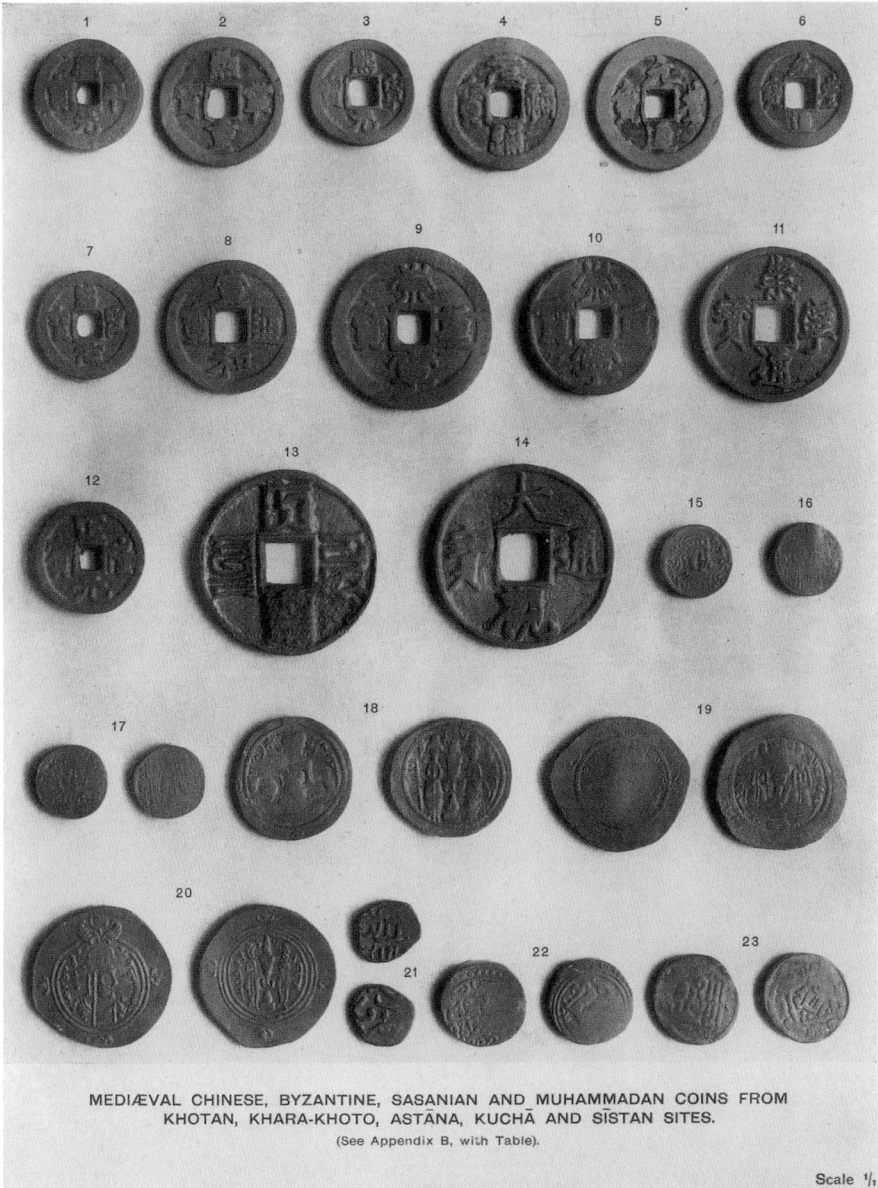

MEDIÆVAL CHINESE, BYZANTINE, SASANIAN AND MUHAMMADAN COINS FROM
KHOTAN, KHARA-KHOTO, ASTĀNA, KUCHĀ AND SĪSTAN SITES.

(See Appendix B, with Table).

Scale ¹/₁

◎梵文写卷残片

出自和田和若羌

见第四章第一、三节；第五章第二节；附录 E

比例：2∶5（缩 78%）

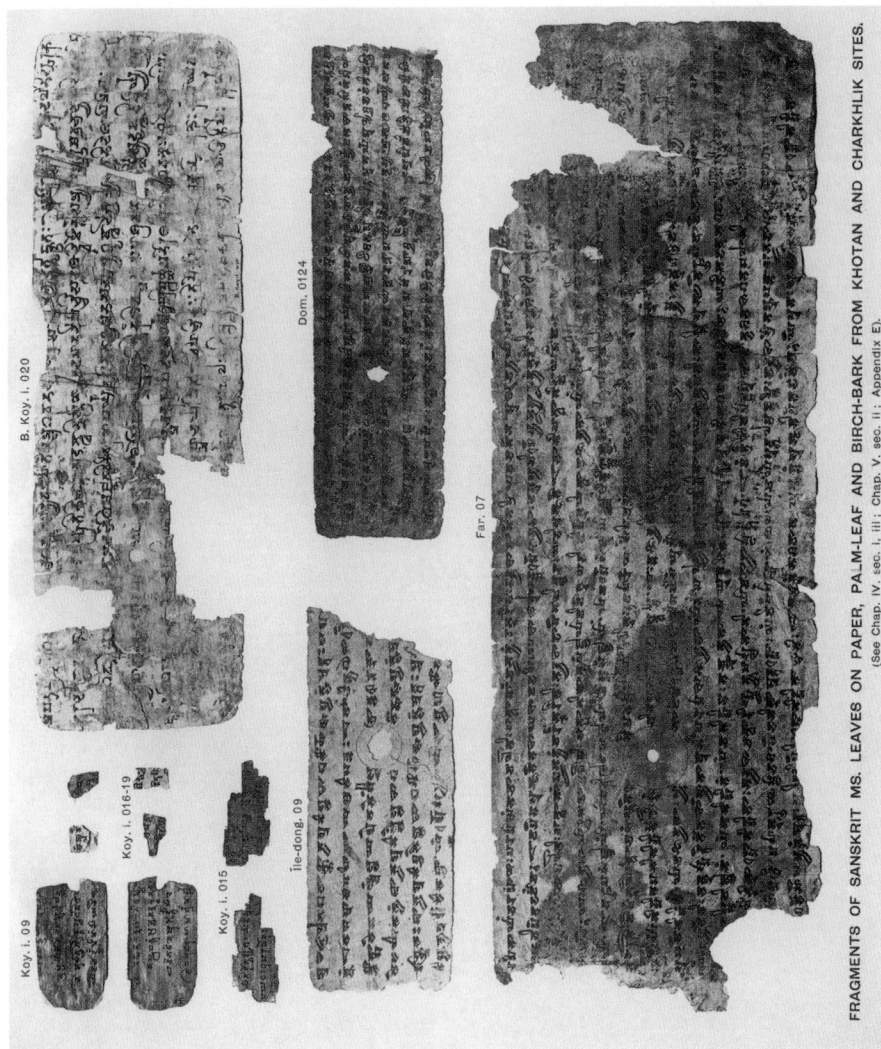

Koy. i. 09

Koy. i. 016-19

Koy. i. 015

Jie-dong. 09

B. Koy. i. 020

Dom. 0124

Far. 07

FRAGMENTS OF SANSKRIT MS. LEAVES ON PAPER, PALM-LEAF AND BIRCH-BARK FROM KHOTAN AND CHARKHLIK SITES.

(See Chap. IV. sec. i, iii; Chap. V. sec. ii; Appendix E).

◎梵文写卷残片

出自达玛沟

见第四章第三节；附录 E

比例：1:2（缩 85%）

◎写在纸上和木板上的库车文、和田文文书

出自库车、吐鲁番和麻扎塔格

见第三章第四节；第二十三章第二节；附录 G

比例：1:2（缩 82%）

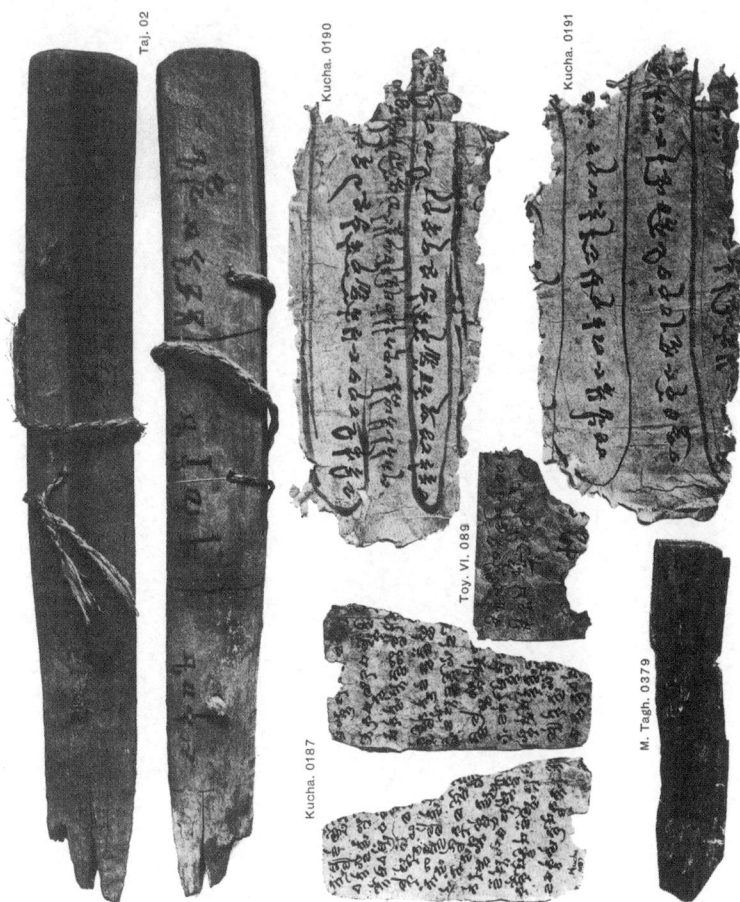

Taj. 02

Kucha. 0190

Kucha. 0191

Toy. VI. 089

Kucha. 0187

M. Tagh. 0379

Scale ½

FRAGMENTS OF DOCUMENTS IN KUCHEAN AND KHOTANESE ON PAPER AND WOOD
FROM KUCHĀ, TURFĀN AND MAZĀR-TĀGH.

(See Chap. III. sec. iv ; Chap. XXIII. sec. ii ; Appendix G).

◎粟特文、突厥如尼文文书

出自楼兰、喀拉霍加、麻扎塔格

见第六章第三节；第十八章第一节；附录 H、Q

比例：15:16（缩 83%）

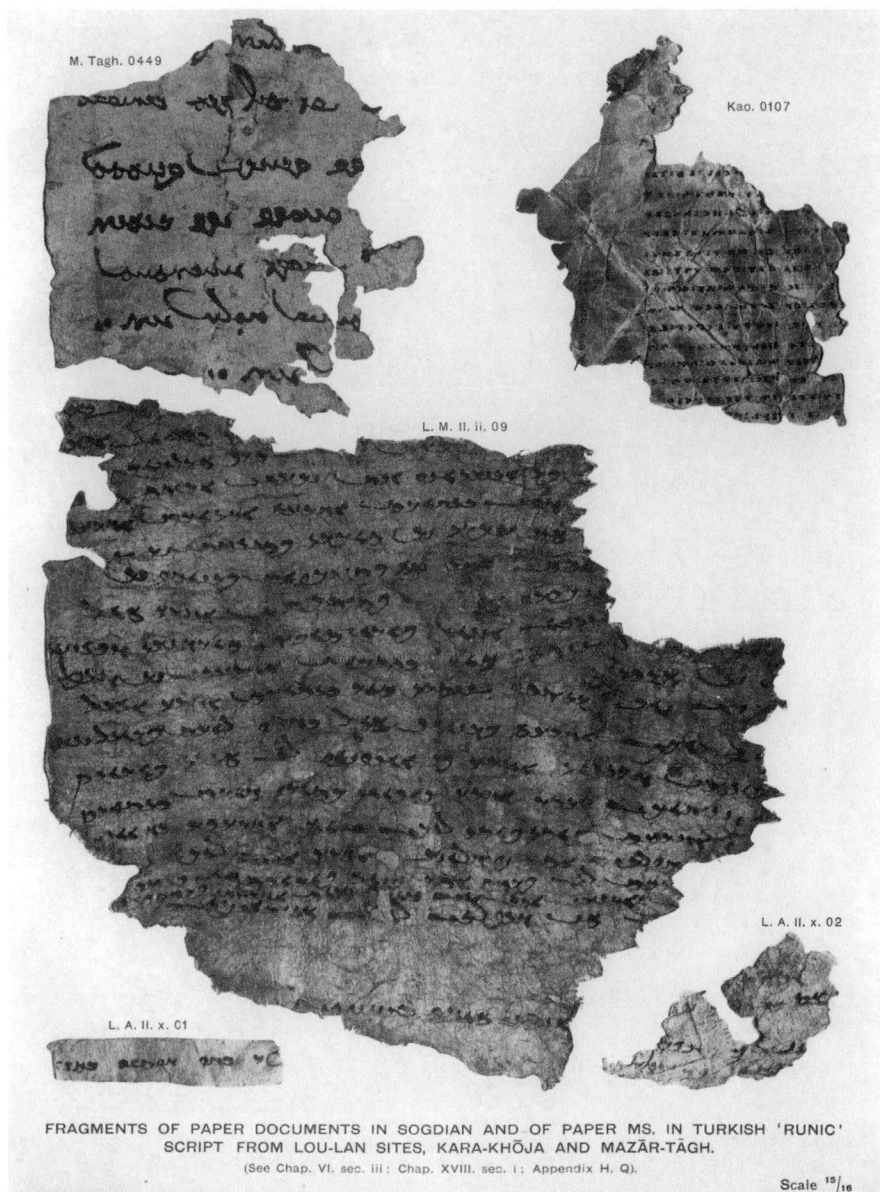

M. Tagh. 0449

Kao. 0107

L. M. II. ii. 09

L. A. II. x. 02

L. A. II. x. C1

FRAGMENTS OF PAPER DOCUMENTS IN SOGDIAN AND OF PAPER MS. IN TURKISH 'RUNIC'
SCRIPT FROM LOU-LAN SITES, KARA-KHŌJA AND MAZĀR-TĀGH.

(See Chap. VI. sec. iii; Chap. XVIII. sec. i; Appendix H, Q).

Scale $^{15}/_{16}$

◎回鹘文—婆罗米文二体文书、

和田文文书

出自哈喇浩特、吐鲁番和麻扎塔格

见第八章第三节；附录 K

比例：1:2（缩 83%）

BLOCK-PRINTED PAPER LEAVES IN CHINESE AND UIGHUR WITH INTERLINEAR BRĀHMĪ TEXT,
AND DOCUMENT IN KHOTANESE, FROM KHARA-KHOTO, TURFĀN AND MAZĀR-TĀGH.

(See Chap. XIII. iii ; Appendix K).

Scale ½

◎回鹘文、蒙古文文书

出自哈喇浩特、黑河三角洲和吐鲁番

见第十三章第二、四节；第十八章第三、五节；附录 K

比例：1:2（缩 85%）

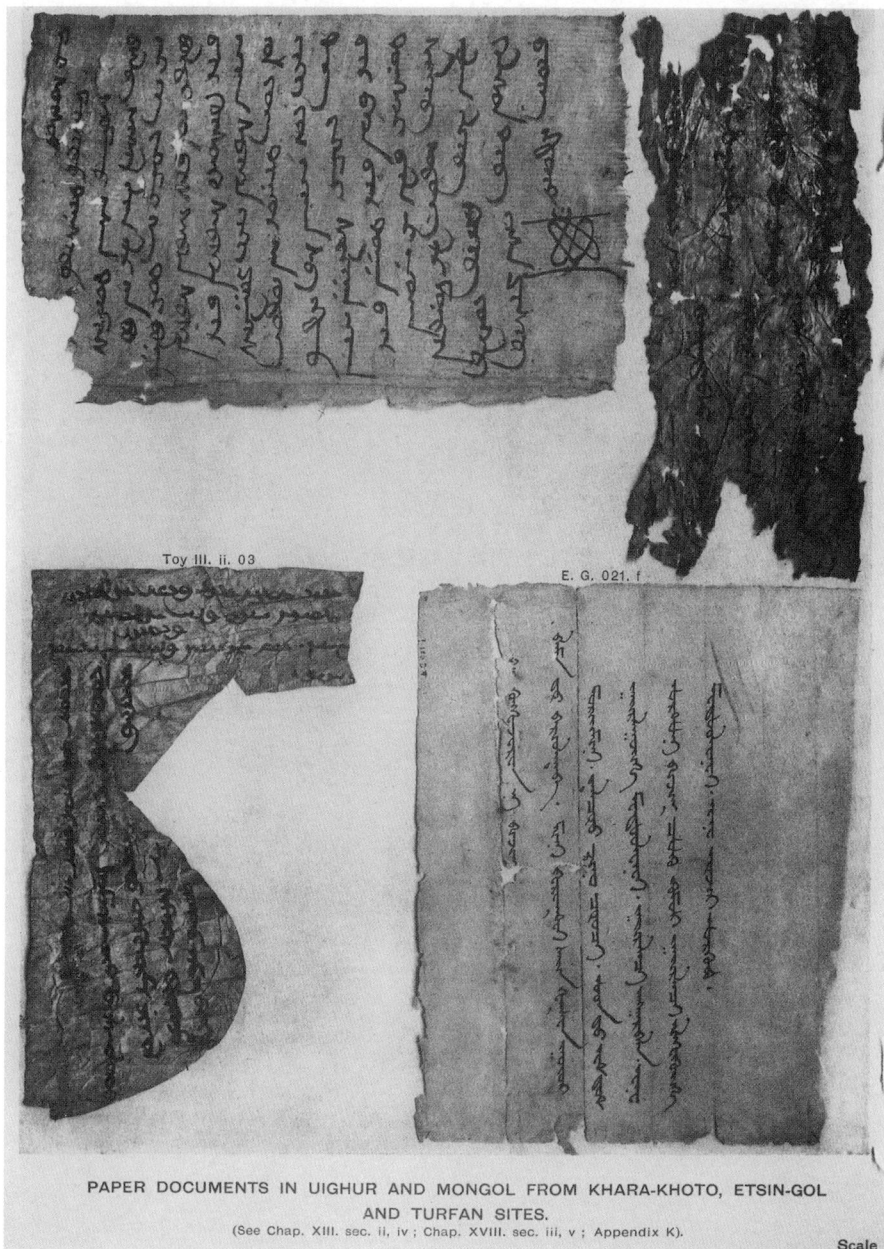

Toy III. ii. 03

E. G. 021. f

PAPER DOCUMENTS IN UIGHUR AND MONGOL FROM KHARA-KHOTO, ETSIN-GOL
AND TURFAN SITES.

(See Chap. XIII. sec. ii, iv ; Chap. XVIII. sec. iii, v ; Appendix K).

Scale

127

CXXVII

◎有汉文印文和题识的尸布、汉文墓志

出自阿斯塔那墓地

见第十九章第三节；附录 I

（缩 83%）

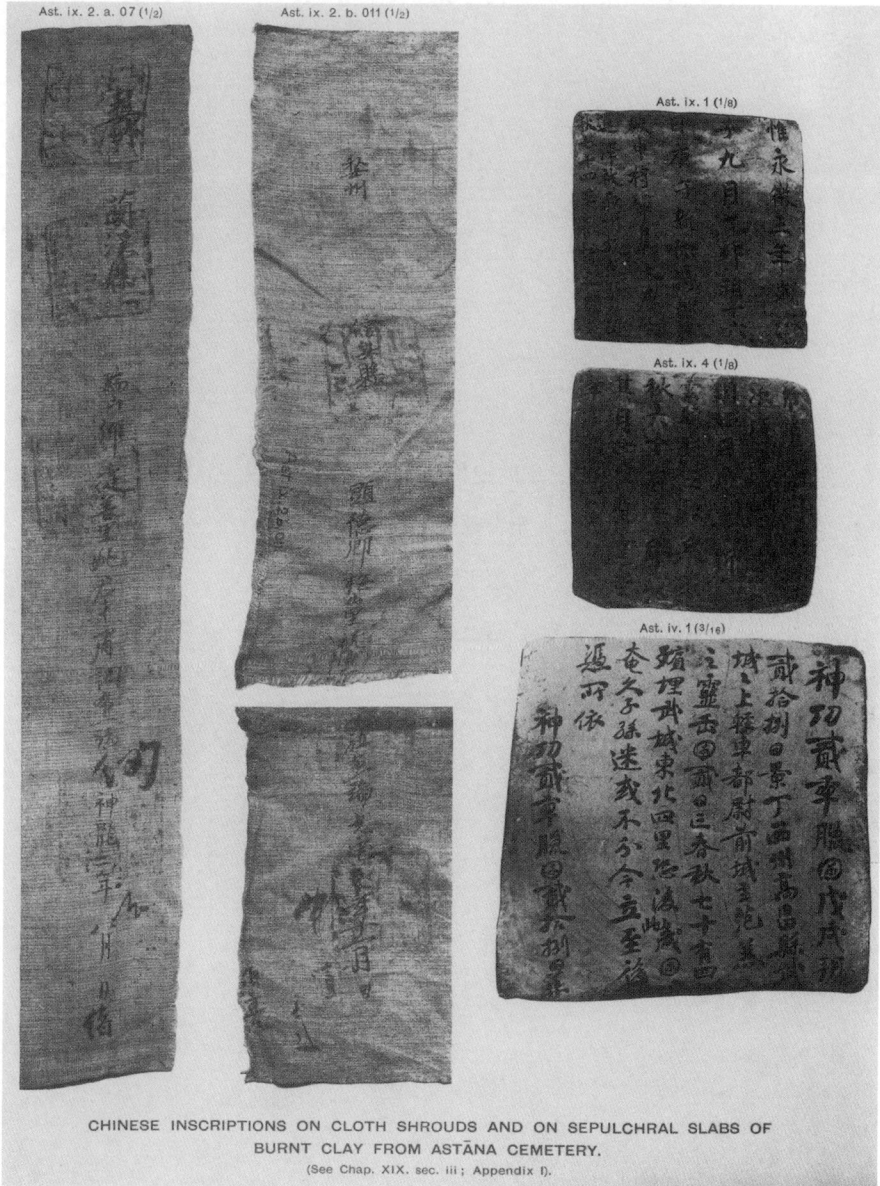

CHINESE INSCRIPTIONS ON CLOTH SHROUDS AND ON SEPULCHRAL SLABS OF
BURNT CLAY FROM ASTĀNA CEMETERY.

(See Chap. XIX. sec. iii ; Appendix I.)

CXXVIII

◎公元 5、6 世纪佛经写卷

出自敦煌千佛洞

见第十章第二节

比例：1:3（缩 80%）

◎公元 7—9 世纪颂扬武后功德的

汉文文书（CHIEN.0249）

出自敦煌千佛洞

见第十章第二节

比例：1:3（缩 85%）

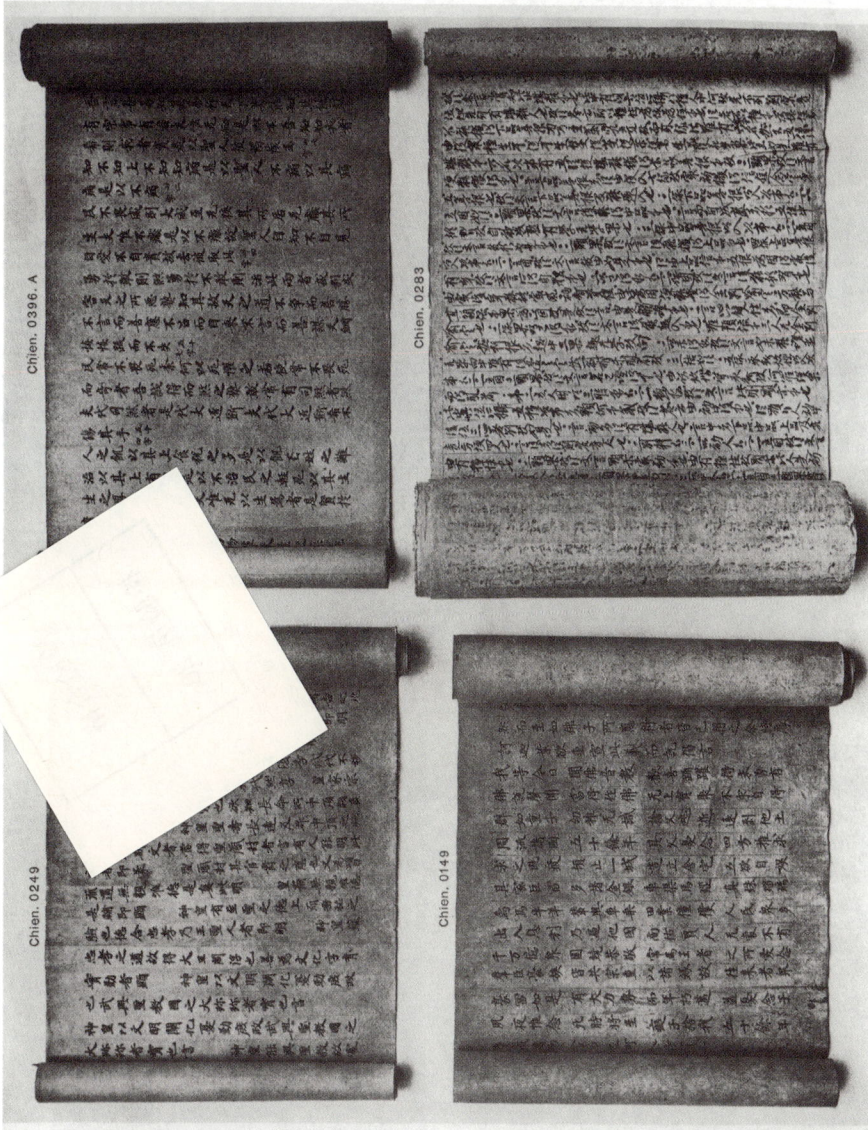

CXXX

◎吐蕃文木简

出自麻扎塔格、喀达里克、米兰

见第三章第四节；第四章第三节；第五章第三节

比例：2:3（缩85%）

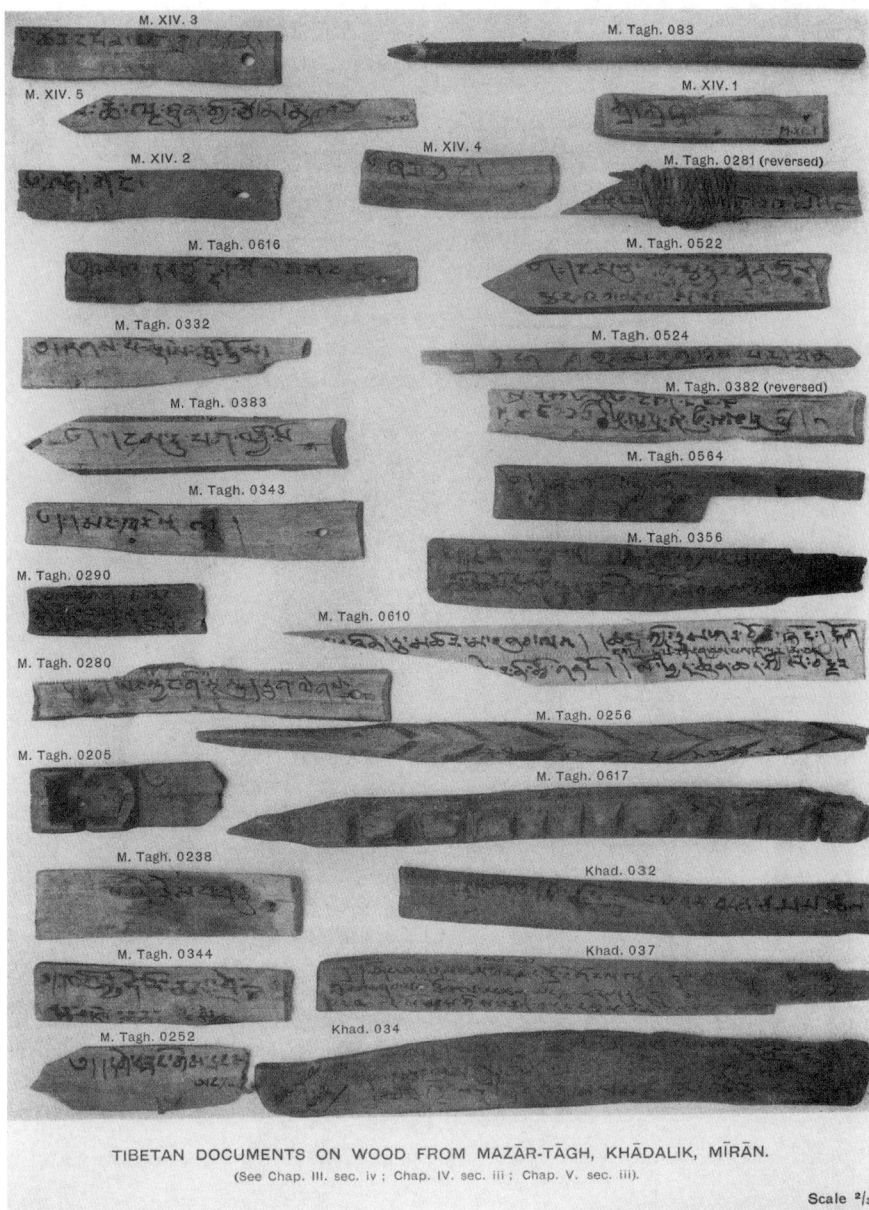

M. XIV. 3

M. Tagh. 083

M. XIV. 5

M. XIV. 1

M. XIV. 2

M. XIV. 4

M. Tagh. 0281 (reversed)

M. Tagh. 0616

M. Tagh. 0522

M. Tagh. 0332

M. Tagh. 0524

M. Tagh. 0382 (reversed)

M. Tagh. 0383

M. Tagh. 0564

M. Tagh. 0343

M. Tagh. 0356

M. Tagh. 0290

M. Tagh. 0610

M. Tagh. 0280

M. Tagh. 0256

M. Tagh. 0205

M. Tagh. 0617

M. Tagh. 0238

Khad. 032

M. Tagh. 0344

Khad. 037

M. Tagh. 0252

Khad. 034

TIBETAN DOCUMENTS ON WOOD FROM MAZĀR-TĀGH, KHĀDALIK, MĪRĀN.

(See Chap. III. sec. iv ; Chap. IV. sec. iii ; Chap. V. sec. iii).

Scale ²/₃

◎吐蕃文菩提文书

出自麻扎塔格和哈喇浩特

见第三章第四节；第八章第三节

比例：2:3（缩83%）

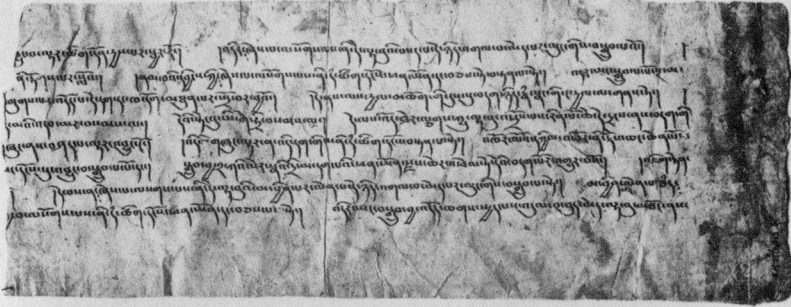

K.K v. b. 012. b.

M. Tagh. 0430

M. Tagh. 0436

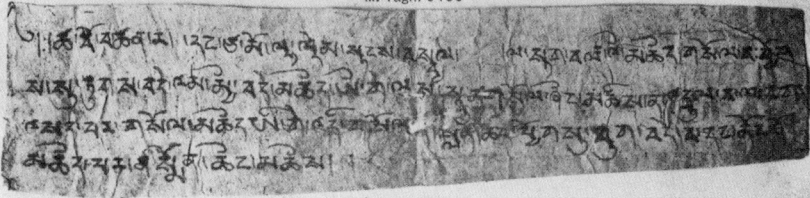

TIBETAN PŌTHĪ LEAF AND DOCUMENTS ON PAPER FROM MAZĀR-TĀGH AND KHARA-KHOTO.

(See Chap. III. sec. iv ; Chap. XIII. sec. iii).

Scale ²/₃

CXXXII

◎吐蕃文菩提佛经写本

出自哈喇浩特

见第八章第三、四节

比例：1:2（缩82%）

TIBETAN PŌTHĪ LEAVES CONTAINING BUDDHIST TEXTS AND SACRED DIAGRAM,
FROM KHARA-KHOTO AND ETSIN-GOL SITES.

(See Chap. XIII. sec. iii, iv.)

Scale ¹/₂

◎吐蕃文菩提佛经写本

出自哈喇浩特

见第八章第三节

比例：3:5（缩78%）

K. K. V. b. 07. b

K. K. V. b. 010. a

K. K. V. b. 031. b

K. K. V. b. 012. a

K. K. V. b. 017. d

TIBETAN PŌTHĪ LEAVES CONTAINING BUDDHIST TEXTS FROM KHARA-KHOTO.
(See Chap. XIII. sec. iii).

Scale ³/₅

◎**西夏文—吐蕃文二体文书 K. K. Ⅱ. 0234. k**

出自哈喇浩特

见第八章第三节劳菲尔博士

比例：2:3（缩 82%）

gtso bgye du k'ra dńa rtse g-yi ta rgi ne da
g-yi ta gse dńa dńa gdže ye g-yi t'e čo lu
dge rtse dńa du dmi ? gsa a.du ye t'u du dgu
du gśu gań rtso du če? čo dk'id k'ra gśe dgre sde g-yi gse a.bar k'o dze zu ? lu ki
la gdu rmu a.bru ba a.tsó že ta gso dru dkre ni gśi bkyi zu dmi do
rtsa su
t'a zu rtse lu čo gso su du k'ra šo? sde a.bru gse a.du dmi gdži gśu lu g-ye bi.
zań du še a.dra gdu rmu a.bru ba btsó sde du dk'id k'ra rgi še se
btsó ste bro ? šo si gšo sto šo či tse tse ta dč'id tso
? ? ? zu tsa a.tsó gśu k'a dmo g-ye g-yi bku bde bgyi k'ru či tse ? g-yi
kó čo tśe ša g-yi bku gso tsa bgo blti rgo še mu sde ma ye rku še tśi da g-yi še
badus bkań dra ma du g-yi bku kli tsi bgyi du bkus čo sde a.dze btos a.dos gtsos g-yi du du
pe a.dre ? yi bsu dro ? ? ga bku klo dmu tse dme yi la bgye čo t'e kó tśe še ? dam?
ta klo du da a.dzo dpe dmi a.dre dtsó čo t'e kó ša ?
pa sde ? a.dža ča tse kó a.dus li t'e bsu

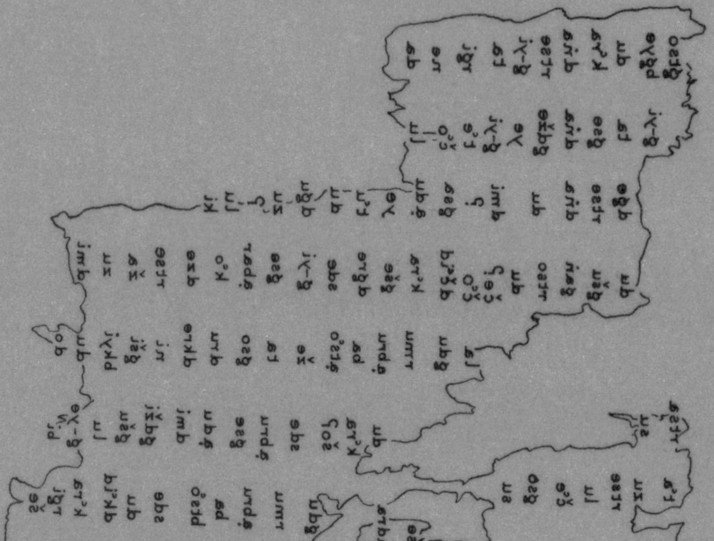

FRAGMENT OF HSI-HSIA (TANGUT) MS. ROLL, K.K. II. 0234. k, WITH TIBETAN INTERLINEAR TRANSLITERATION, FROM KHARA-KHOTO.

(See Chap. XIII. sec. iii. Tibetan Characters transcribed by Dr. B. Laufer).

Scale ²/₃

CXXXV

◎西夏文文书

出自哈喇浩特

见第八章第三节

比例：2:3（缩 82%）

K. K. II. 0250. g   K. K. II. 0250. g

K. K. II. 0351

HSI-HSIA (TANGUT) MS. ROLL AND BLOCK-PRINTED BOOK LEAVES FROM KHARA-KHOTO.

(See Chap. XIII. sec. iii).

Scale ²/₃

CXXXVI

◎西夏文文书

出自哈喇浩特

见第八章第三节

比例：2:5（缩 80%）

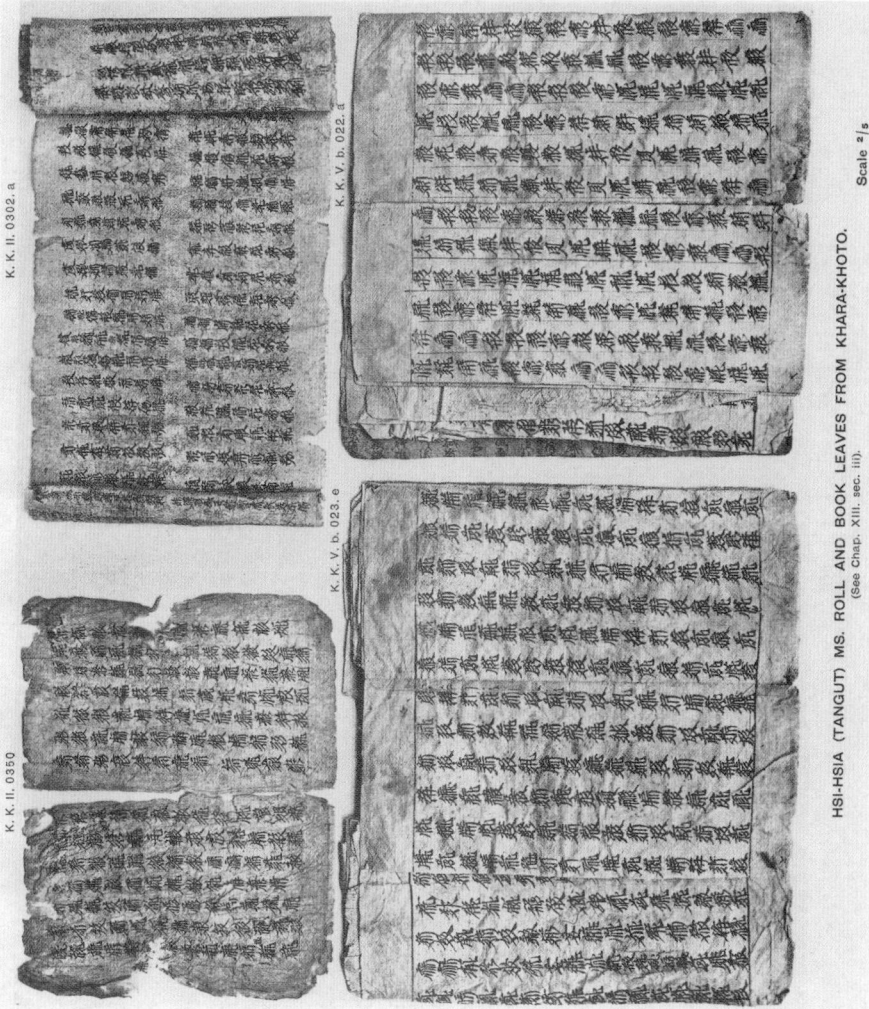

K. K. II. 0302. a

K. K. V. b. 022. a

K. K. II. 0350

K. K. V. b. 023. e

Scale 2/5

HSI-HSIA (TANGUT) MS. ROLL AND BOOK LEAVES FROM KHARA-KHOTO.

(See Chap. XIII. sec. iii).

CXXXVII

◎西夏文文书

出自哈喇浩特

见第八章第二、三节

比例：2:5（缩78%）

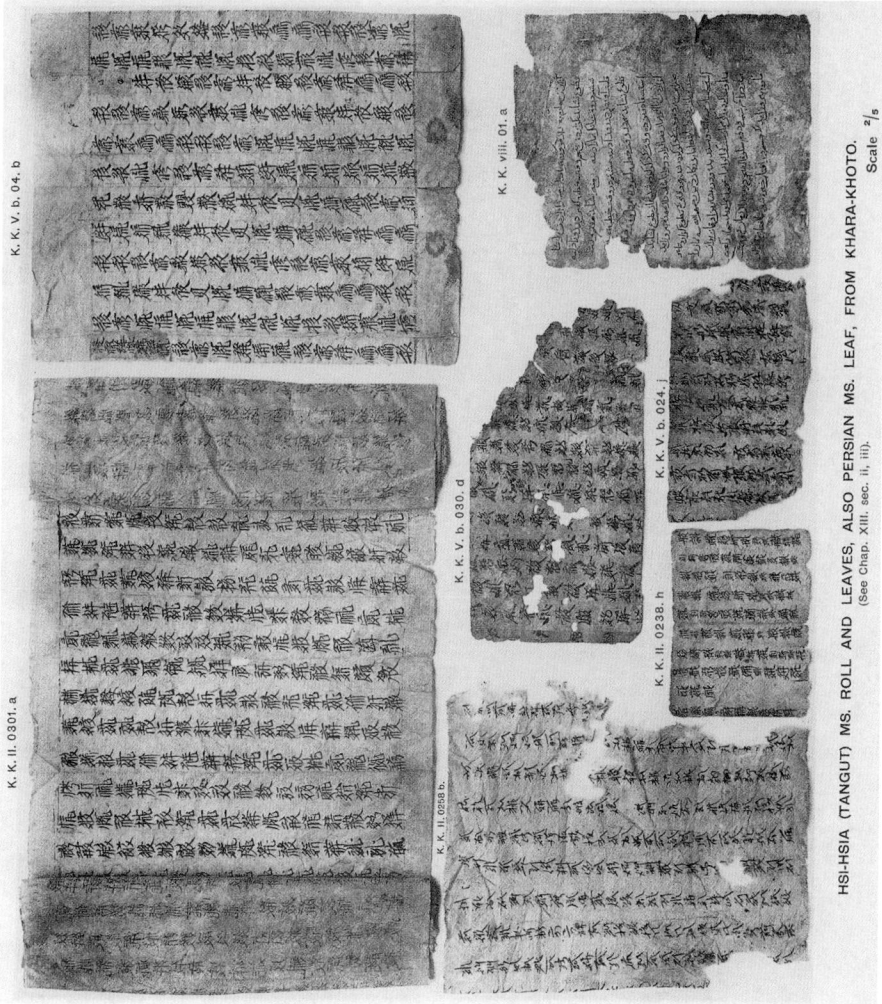

HSI-HSIA (TANGUT) MS. ROLL AND LEAVES, ALSO PERSIAN MS. LEAF, FROM KHARA-KHOTO.

(See Chap. XIII. sec. ii, iii).

Scale ²/₅

北

楚玛尔汗的要塞遗址平面图

雕刻在岩石上的佛塔示意图
（有吐蕃文题识，建在德尔果
德要塞以南的冰碛上））

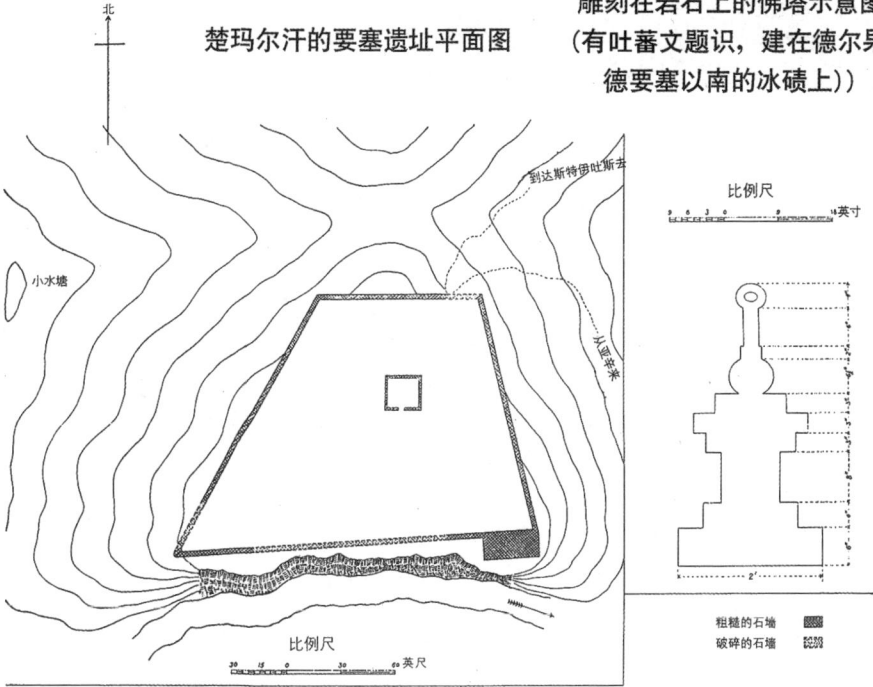

到达斯特伯吐斯去

小水塘

从亚孜来

比例尺

英寸

比例尺

英尺

粗糙的石墙
破碎的石墙

巴赫里汗的要塞遗址平面图

其其克里克迈丹的旅店遗址平面图

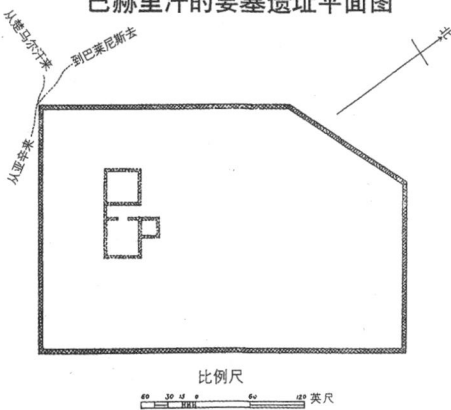

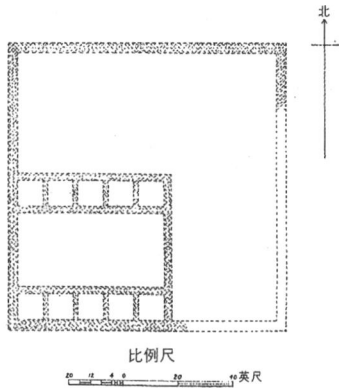

从楚玛尔汗来

到巴莱尼斯去

岩

从亚孜来

北

比例尺

英尺

比例尺

英尺

A.斯坦因、阿弗拉兹·古尔 测绘

III 遗址平面图

比例尺

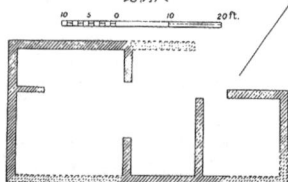

塔什库尔干江
格尔拱拜孜
遗址平面图

比例尺

土坯墙	
残土坯墙	
石墙	

IV

III

塔 II

塔 I
+30'

古渠

墓葬

古渠

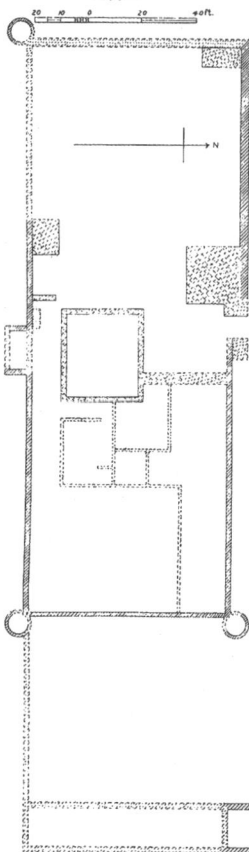

IV 遗址平面图

比例尺

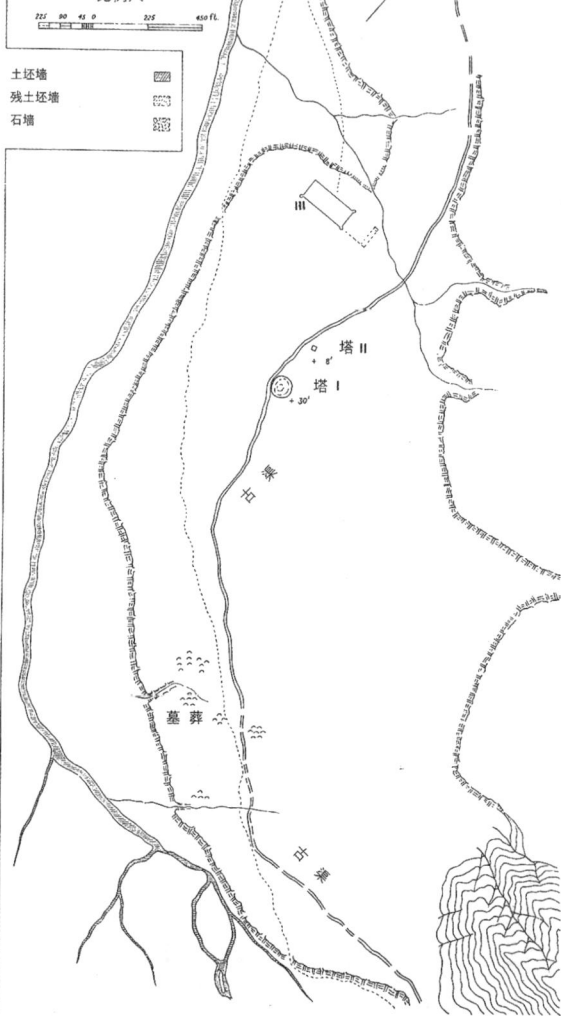

阿弗拉兹·古尔 测绘

拉勒塔格遗址

比例尺

45 30 15 0　　　　45　　　　90英尺

麻扎塔格伊斯兰
墓地的寺庙遗址

比例尺

20 10 0　　20　　40英尺

土坯墙

残土坯墙

残墙基

灰泥地基

麻扎岗

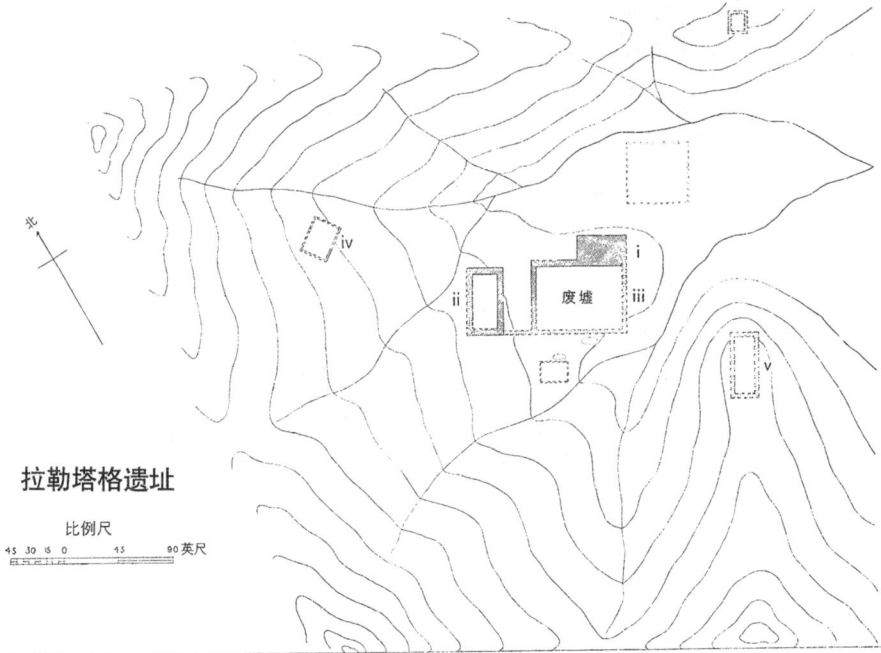

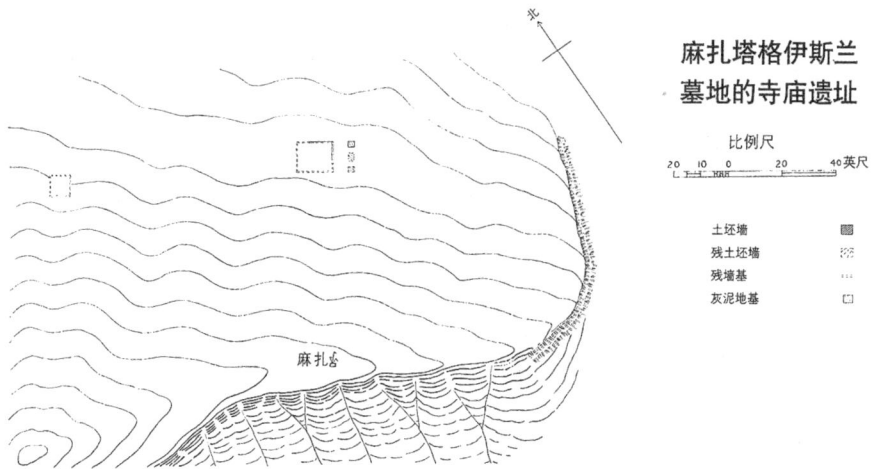

A.斯坦因、阿弗拉兹·古尔 测绘

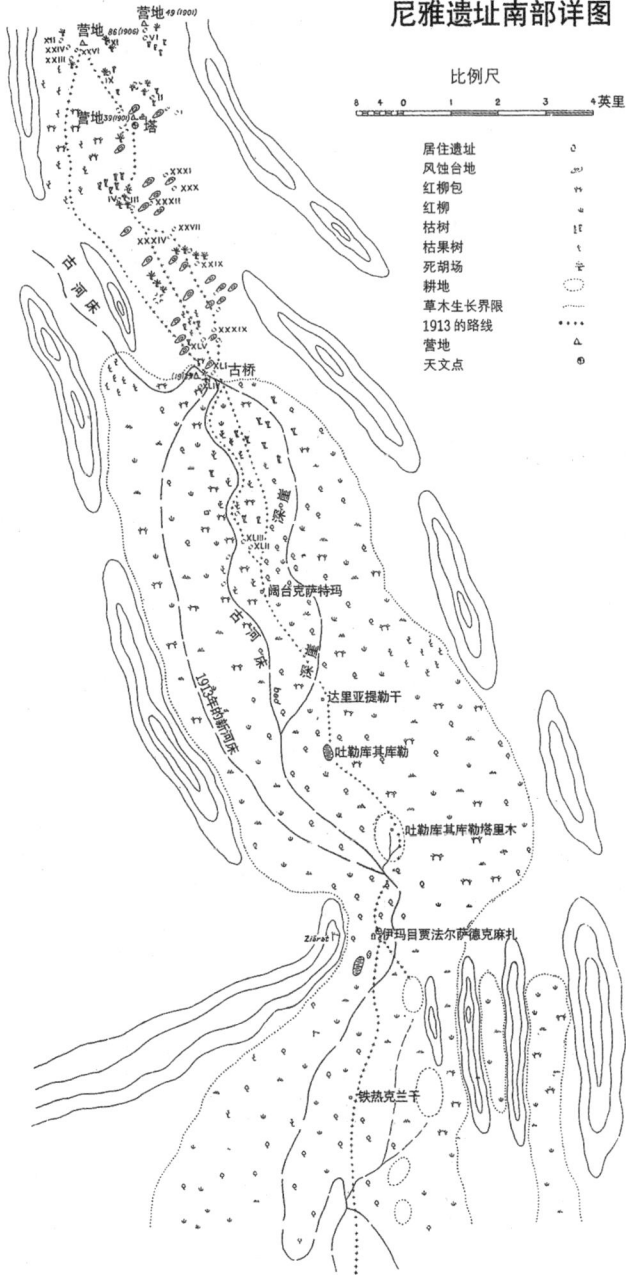

尼雅遗址南部详图

尼雅遗址
N. XXXIX, XLII, XLIII, XLV
民 居 图

比例尺

50 25 0   50   100   150   200 英尺

泥木墙   ——   篱笆
残 墙   ====   土平台
草泥墙   ——   木柱

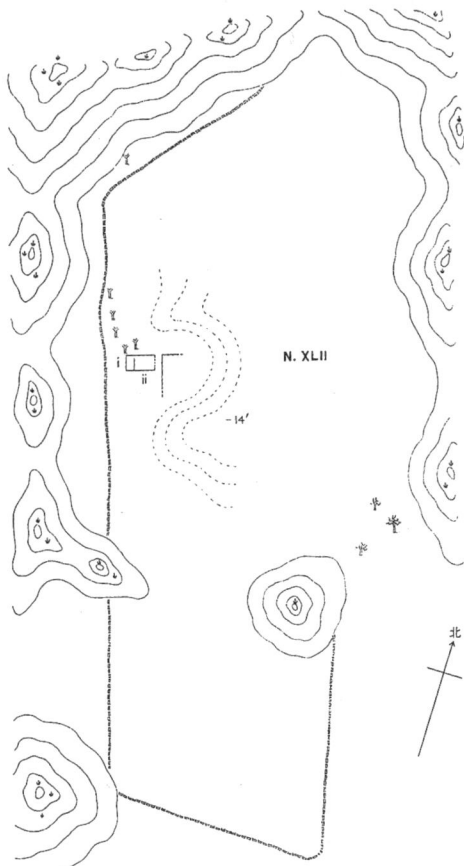

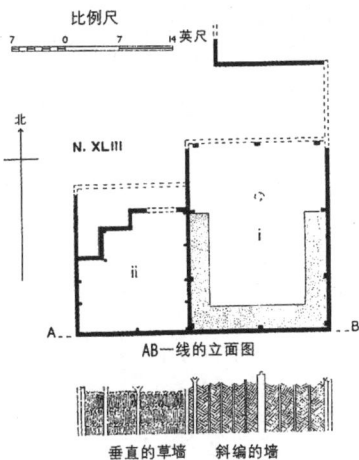

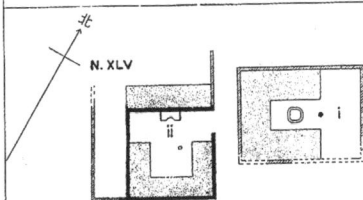

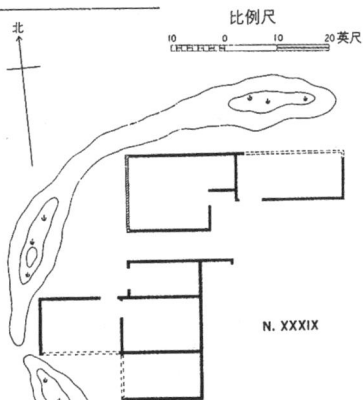

N. XLII

-14′

比例尺
7 0   7   14 英尺

北

N. XLIII

ii   i

A ——————————————————— B
AB一线的立面图

垂直的草墙   斜编的墙

北

N. XLV

ii   i

北

比例尺
10 0   10   20 英尺

N. XXXIX

A.斯坦因、阿弗拉兹·古尔 测绘

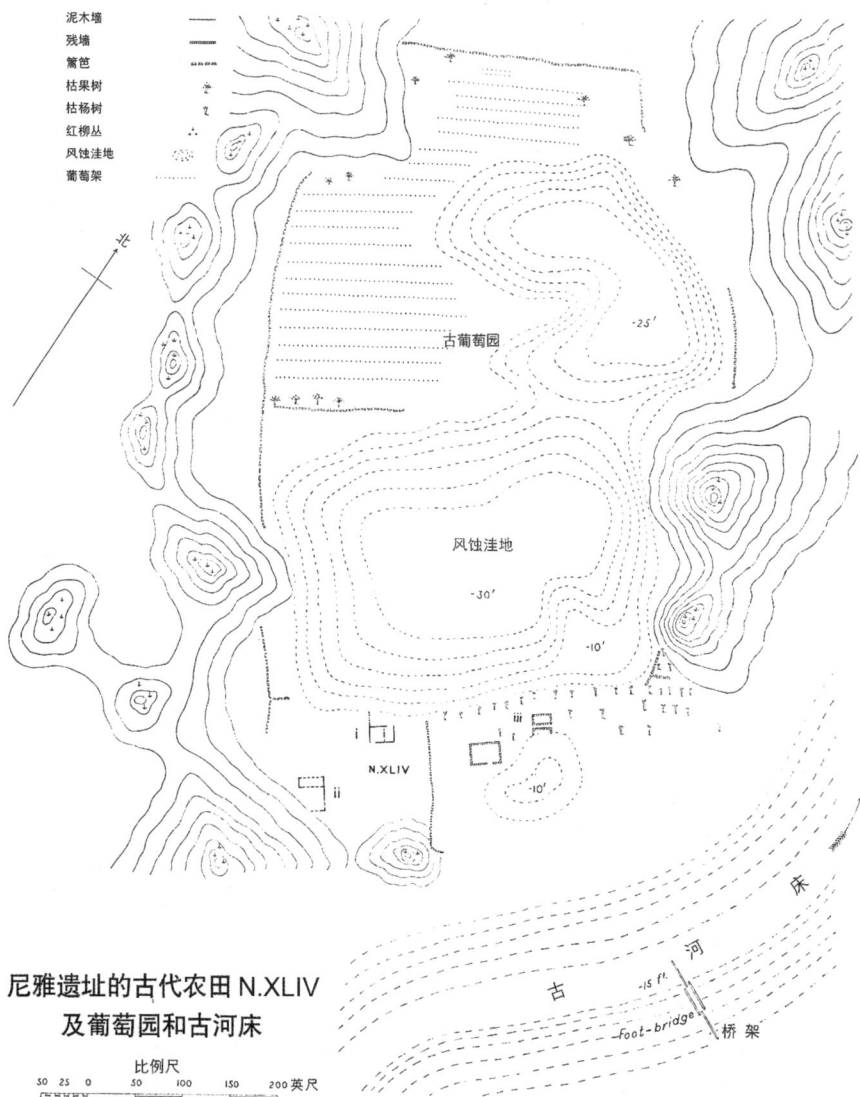

泥木墙
残墙
篱笆
枯果树
枯杨树
红柳丛
风蚀洼地
葡萄架

北

古葡萄园

-25'

风蚀洼地

-30'

-10'

N.XLIV

i
ii

-10'

古 河 床

-15'

foot-bridge 桥 架

尼雅遗址的古代农田 N.XLIV
及葡萄园和古河床

比例尺

50 25 0   50   100   150   200 英尺

A. 斯坦因、阿弗拉兹·古尔 测绘

尼雅遗址 N.III 房址平面图

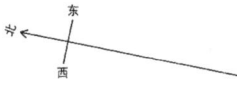

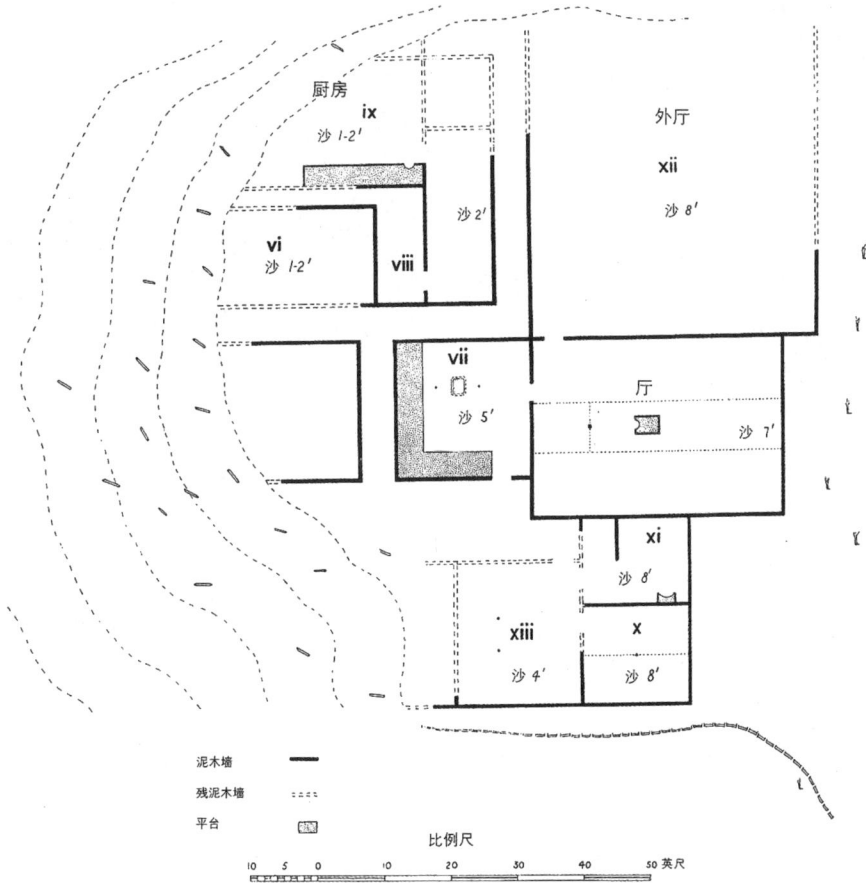

北
东
西

厨房

ix
沙 1-2'

外厅

xii
沙 8'

vi
沙 1-2'

viii

沙 2'

vii
沙 5'

厅
沙 7'

xi
沙 8'

xiii
沙 4'

x
沙 8'

泥木墙 ———

残泥木墙 ≈≈≈≈

平台

比例尺

10 5 0   10   20   30   40   50 英尺

A.斯坦因、阿弗拉兹·古尔 测绘

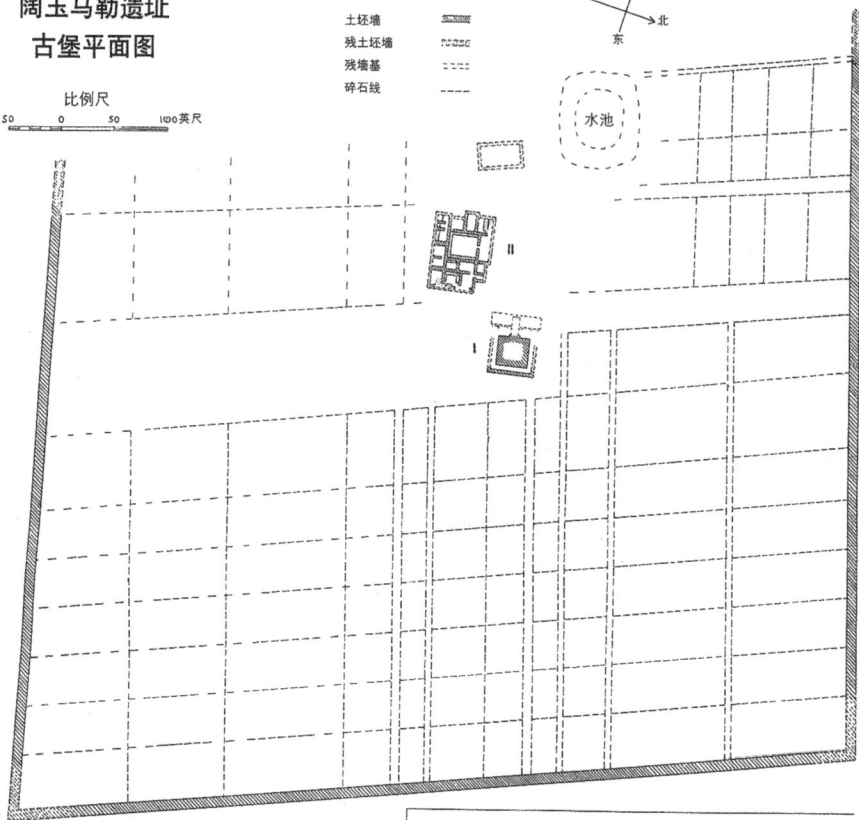

阔玉马勒遗址
古堡平面图

比例尺

50   0   50   100英尺

土坯墙
残土坯墙
残墙基
碎石线

西
北
东

水池

II

I

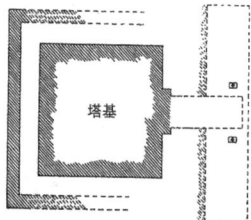

佛殿 I

塔基

北

比例尺

12 6 0   12   24英尺

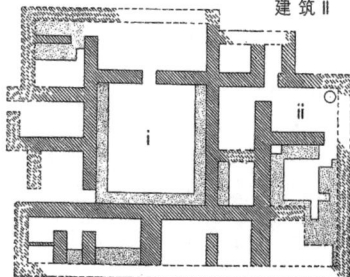

建 筑 II

i

ii

阿弗拉兹·古尔 测绘

米兰遗址中的建筑遗址

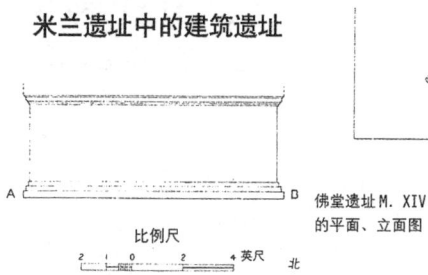

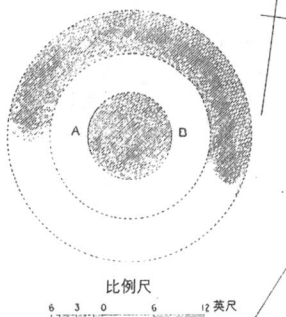

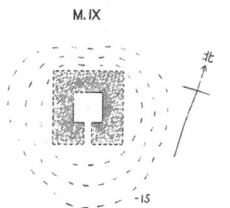

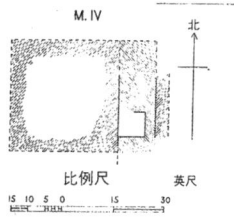

A   B

比例尺

2 1 0   2   4 英尺

北

A   B

比例尺

6 3 0   6   12 英尺

M. IX

北

-15

M. IV

北

比例尺   英尺

15 10 5 0   15   30

III

北

佛堂遗址 M. XIV
的平面、立面图

土坯墙
残土坯墙
石墙

比例尺   英尺
20   0   20   40

巴什阔玉马勒
遗址平面图

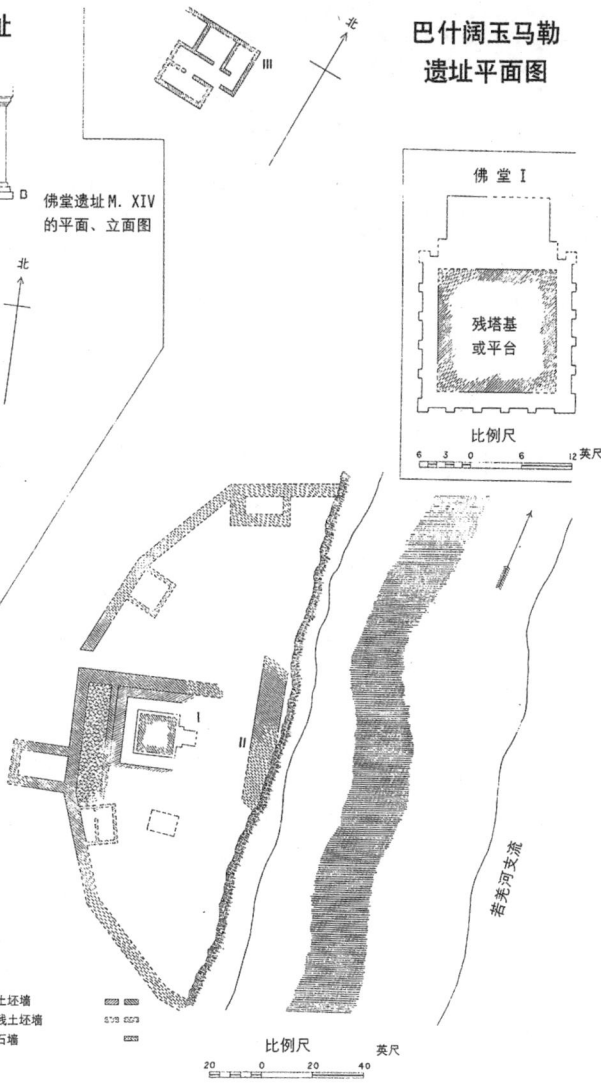

佛堂 I

残塔基
或平台

比例尺

6 3 0   6   12 英尺

I

II

若羌河支流

阿弗拉兹·古尔 测绘

L.K 古城城门
的木门框示意图

比例尺

10　5　0　　　　10英尺

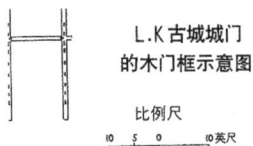

夹有草木的土墙
夹有草木的残土墙
泥木墙
风蚀洼地
残木构件

楼兰 L.K 古城
遗址平面图

比例尺

40　20　0　　40　　　80英尺

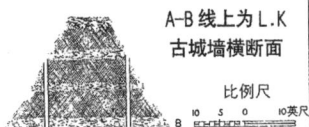

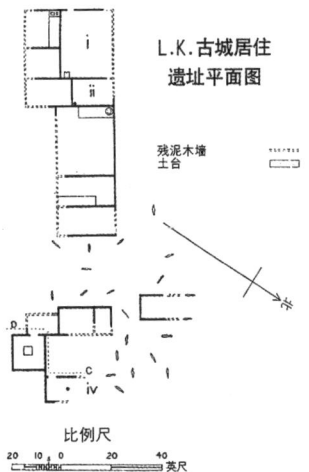

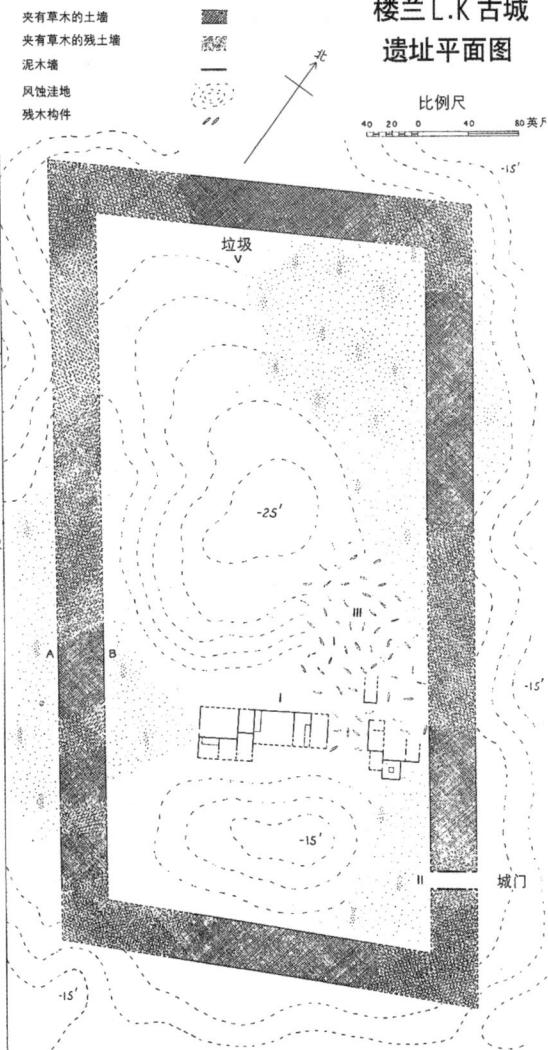

A-B 线上为 L.K
古城墙横断面

比例尺

10　5　0　　　　10英尺

CD 线上的营房立面图

比例尺

5 4 3 2 1 0　　　5　　　10英尺

垃圾
V

-25'

-15'

-15'

L.K. 古城居住
遗址平面图

残泥木墙
土台

-15'

城门

比例尺

20　10　0　　20　　　40英尺

阿弗拉兹·古尔　测绘

L.M.IV 遗址平面图

L.M.II 居址平面图

L.M.I 房址平面图

楼兰遗址 L.D 农舍平面图

比例尺
20 10 0 20 40英尺

比例尺
15 10 5 0 15 30英尺

一 楼兰L.M 遗址平面图

泥木墙
残泥木墙
草木墙
死胡杨
雅丹

比例尺
110 55 0 110 220 码

营地

干 河 道

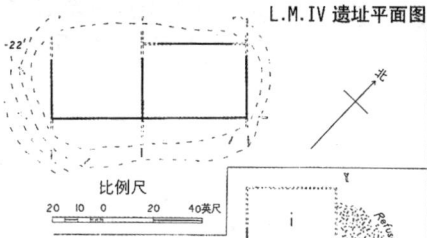

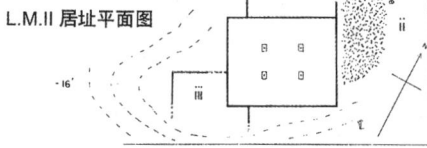

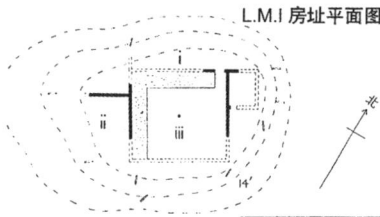

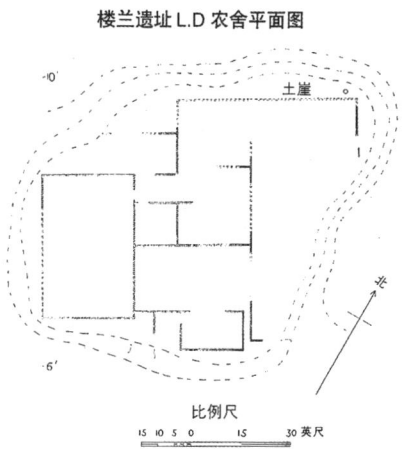

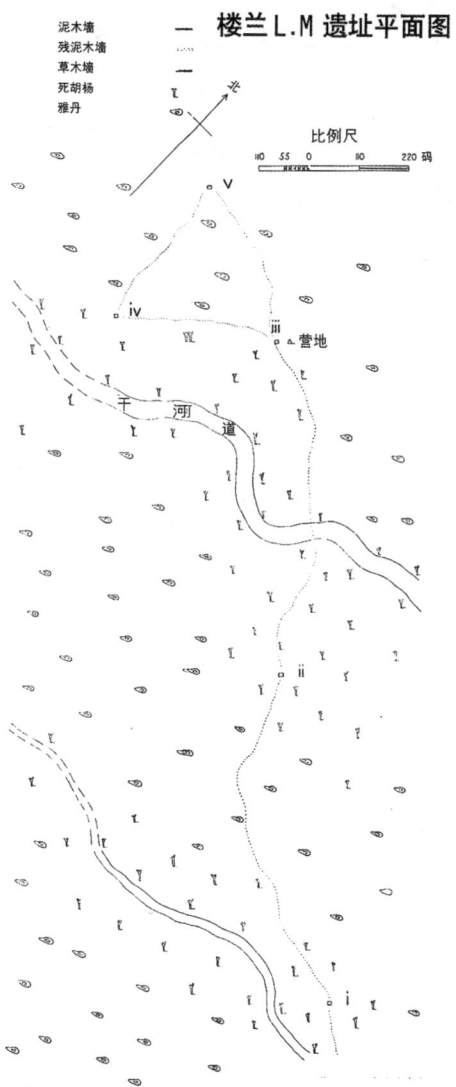

A.斯坦因、阿弗拉兹·古尔 测绘

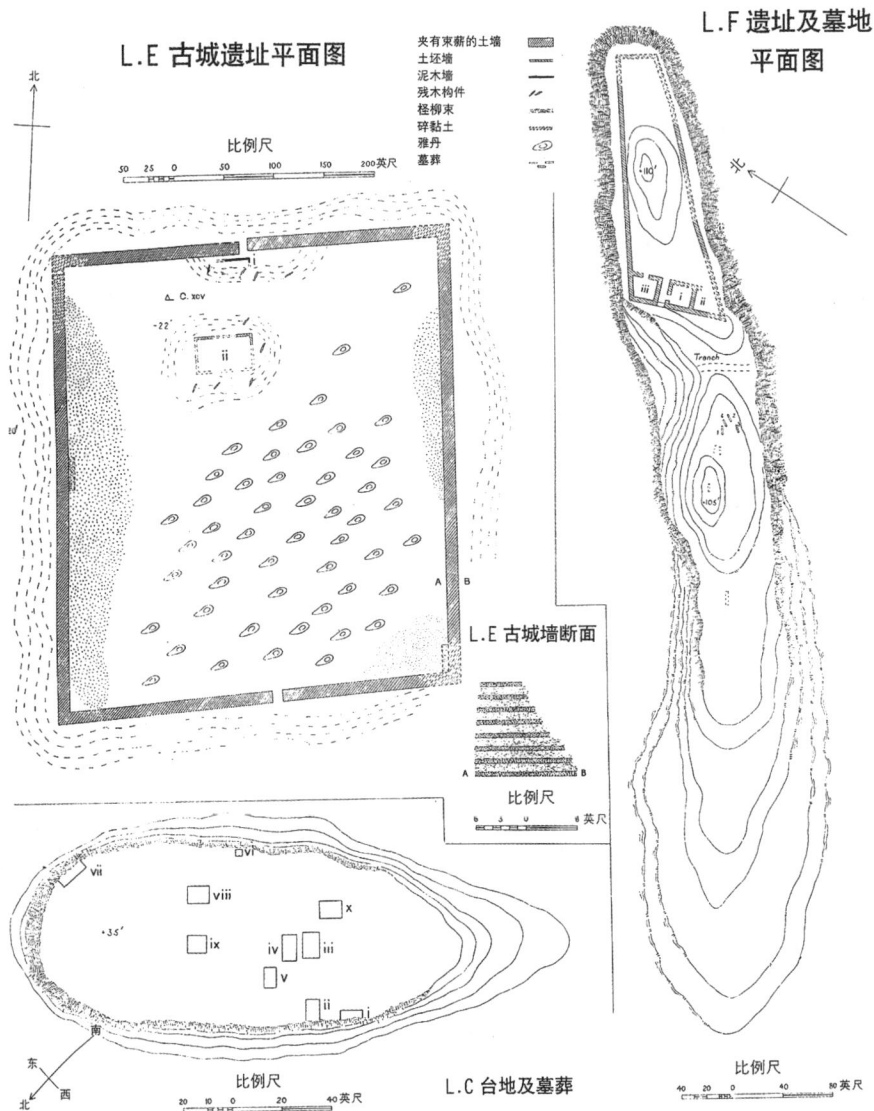

L.E 古城遗址平面图

夹有束薪的土墙
土坯墙
泥木墙
残木构件
柽柳束
碎黏土
雅丹
墓葬

比例尺

北

L.F 遗址及墓地
平面图

北

L.E 古城墙断面

比例尺

L.C 台地及墓葬

比例尺

比例尺

A.斯坦因、阿弗拉兹·古尔 测绘

T.IV.a 遗址附近长城城墙横截面示意图

比例尺
2 1 0 2 英尺

敦煌长城烽燧平面图

北

烽火台
90'

土坯建筑
夹有束薪的城墙
积薪
垃圾

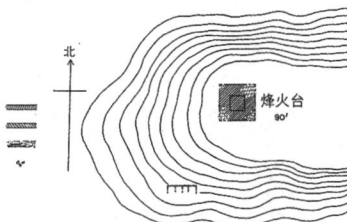

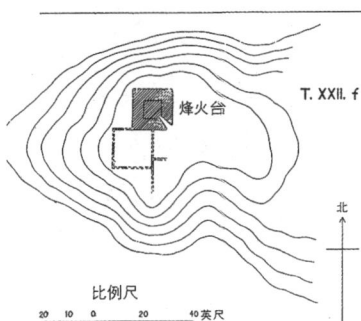

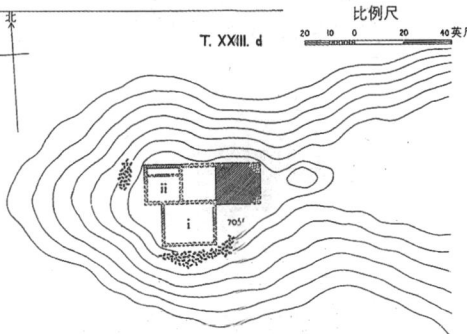

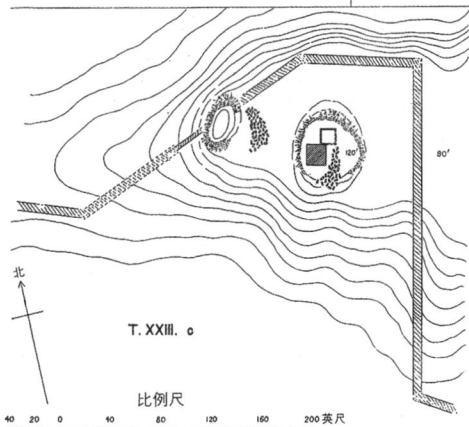

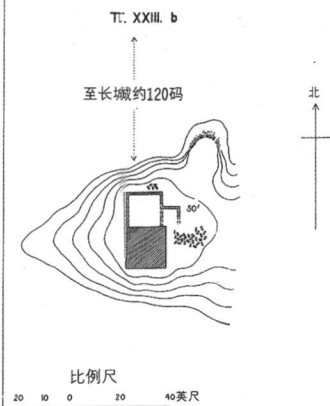

T.IV.a 遗址附近长城城墙断面示意图

束薪
碎石
碎石
束薪

比例尺
12 9 6 3 0 12 英尺

比例尺
20 10 0 40 英尺

T. XXIII. d

北

T. XXII. f

烽火台

北

ii
i 705'

比例尺
20 10 0 20 40 英尺

比例尺
20 10 0 20 40 英尺

T. XXIII. b

至长城约120码

北

80'

60'

T. XXIII. c

北

比例尺
40 20 0 10 80 120 160 200 英尺

比例尺
20 10 0 20 40 英尺

A.斯坦因、阿弗拉兹·古尔 测绘

敦煌长城烽燧平面图

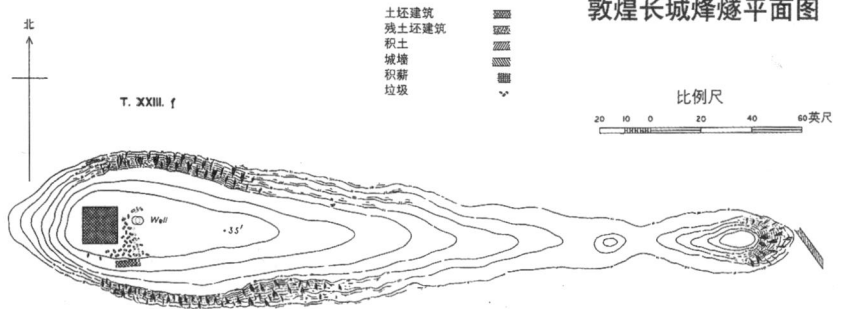

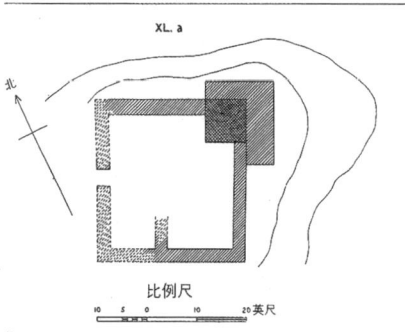

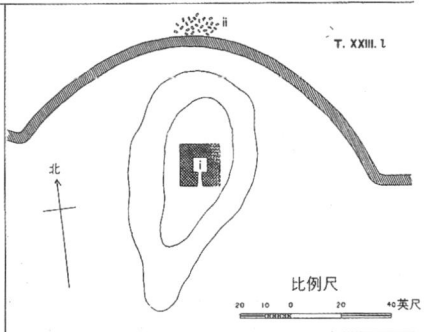

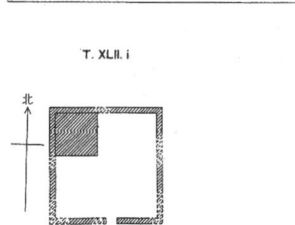

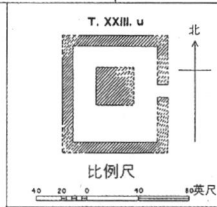

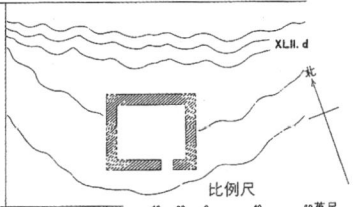

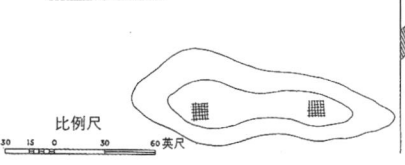

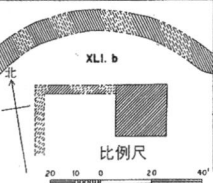

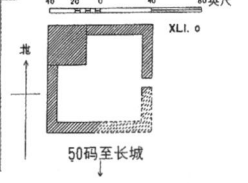

图例：
土坯建筑
残土坯建筑
积土
城墙
积薪
垃圾

比例尺
20 10 0 20 40 60英尺

T. XXIII. f

XL. a

T. XXIII. l

T. XLII. i

T. XXIII. u

XLII. d

XLI. b

XLI. o

50码至长城

A.斯坦因、阿弗拉兹·古尔 测绘

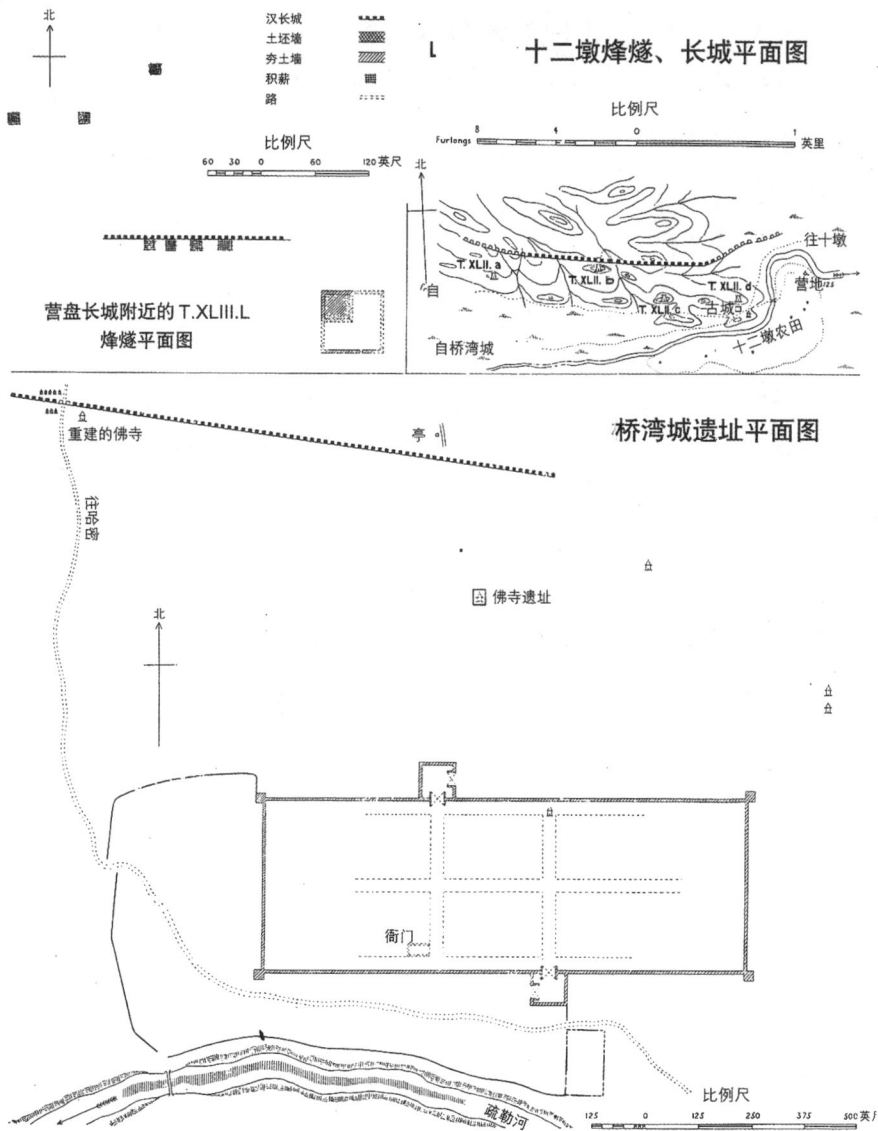

十二墩烽燧、长城平面图

汉长城
土坯墙
夯土墙
积薪
路

比例尺
60　30　0　60　　120 英尺

比例尺
Furlangs 8　　4　　0　　　　　　1 英里

北
自

往十墩

T. XLII. a
T. XLII. b
T. XLII. d
T. XLII. c
古城
营地

十二墩农田

自桥湾城

营盘长城附近的 T.XLIII.L
烽燧平面图

桥湾城遗址平面图

重建的佛寺
亭
往哈密
北
佛寺遗址
衙门
疏勒河

比例尺
125　0　125　250　375　500 英尺

A.斯坦因、阿弗拉兹·古尔 测绘

汉长城和额济纳河沿岸之烽燧、古城平面图

烽燧 T.XLIV.b 墙体立面图

比例尺

T. XLIV. e

比例尺
60 30 0 60 120 英尺

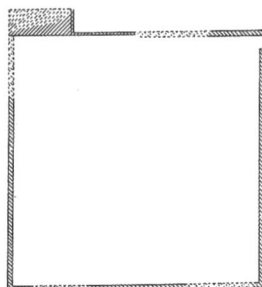

北

土坯墙	
夯土墙	
夹有束薪的墙	
填土	
水平芦草层	

比例尺
0 1 英尺

T. XXIII. h

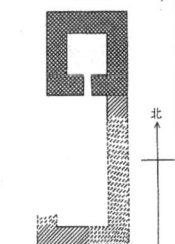

北

比例尺
0 5 10 20英尺

T. XLII. e

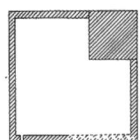

北

T. XLVIII. c

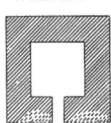

比例尺
30 15 0 30 60 英尺

T. XLII. f

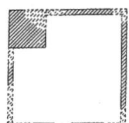

北

乌兰杜如勒金古城平面图

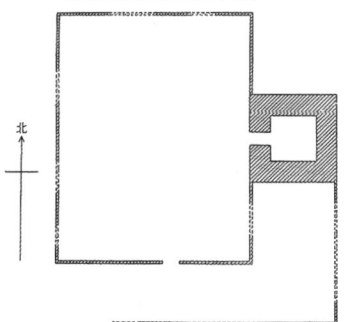

北

北

比例尺
40 20 0 40 80 120 160 英尺

额济纳河之阿杜纳阔拉古城平面图

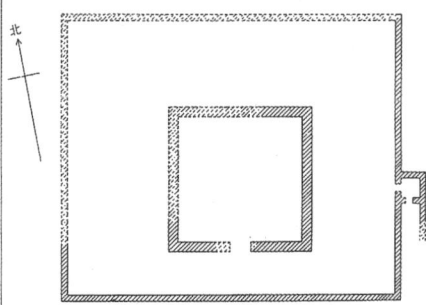

比例尺
35 0 35 70 105 140 码

A.斯坦因、阿弗拉兹·古尔 测绘

哈喇浩特遗址平面图

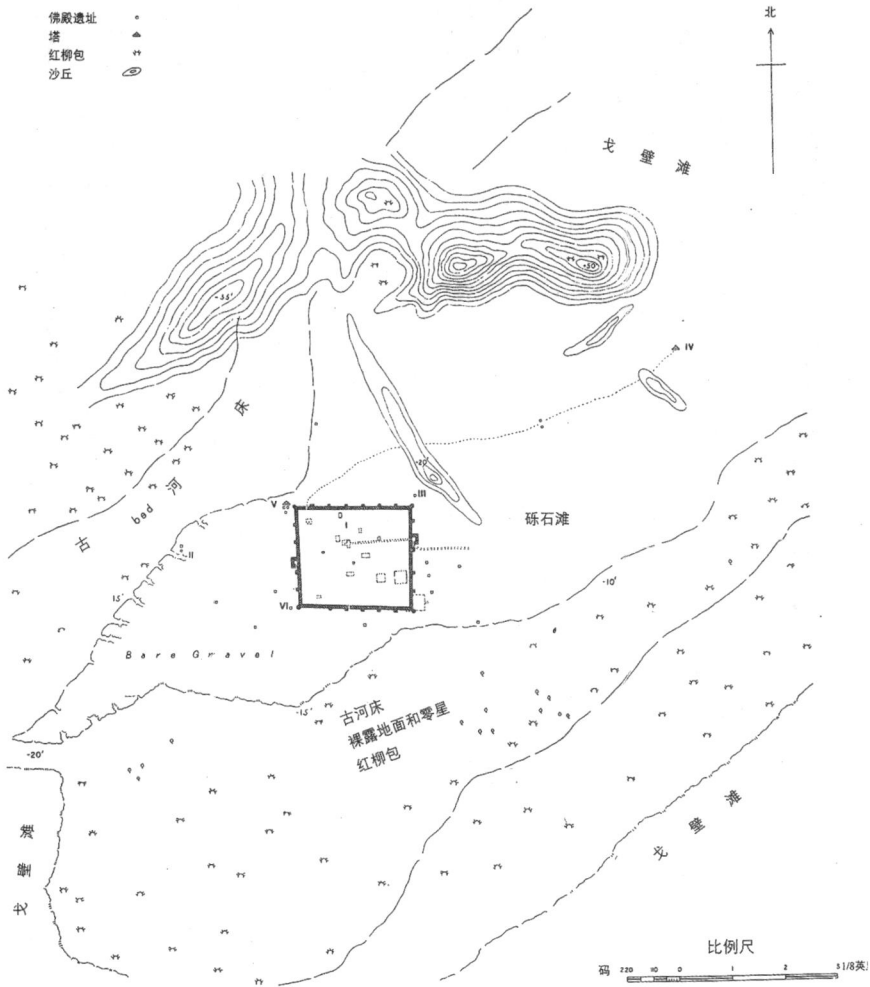

佛殿遗址
塔
红柳包
沙丘

北

戈 壁 滩

古 河 床
bed

砾石滩

Bare Gravel

古河床
裸露地面和零星
红柳包

戈 壁 滩

比例尺

码 220 10 0 1 2 31/8英里

A.斯坦因、阿弗拉兹·古尔 测绘

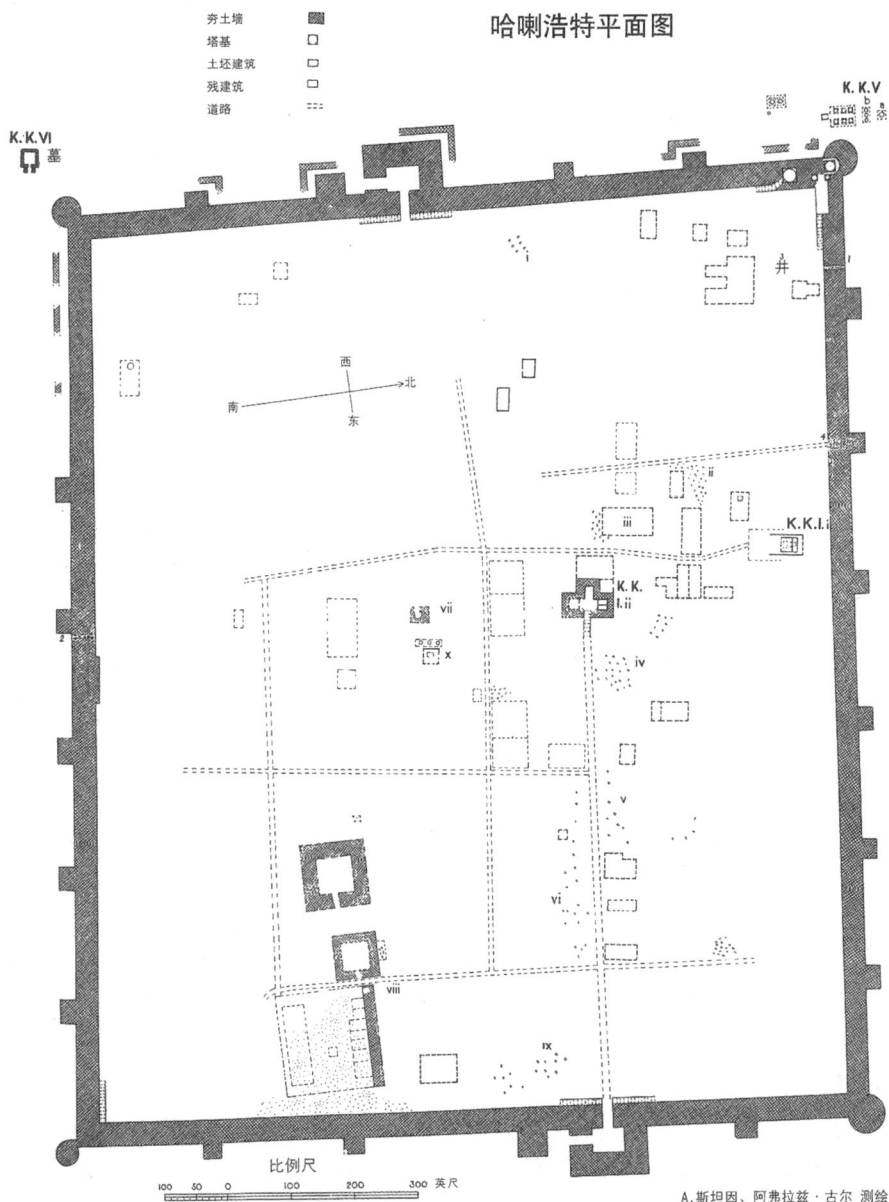

哈喇浩特平面图

夯土墙
塔基
土坯建筑
残建筑
道路

K.K.VI
墓

K.K.V

西
南 ← → 北
东

井

K.K.I.i

K.K.
I.ii

ii

iii

iv

vii

x

v

vi

viii

ix

比例尺
100　50　0　　100　　200　　300　英尺

A.斯坦因、阿弗拉兹·古尔　测绘

哈喇浩特佛寺和佛塔平面、立面图

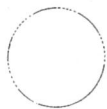

土坯墙
残土坯墙

比例尺
2 1 0 3 6英尺

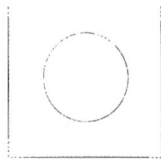

比例尺
6 3 0 6 12英尺

哈喇浩特K.K.V.a佛塔

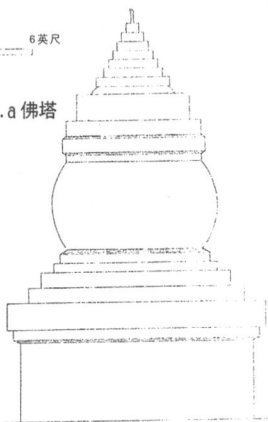

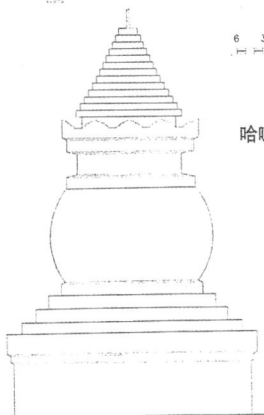

哈喇浩特西北角楼
附近的佛塔

比例尺
2 1 0 2 4 英尺

比例尺
4 2 0 4 8英尺

哈喇浩特k.k.l.i佛寺遗址平面图

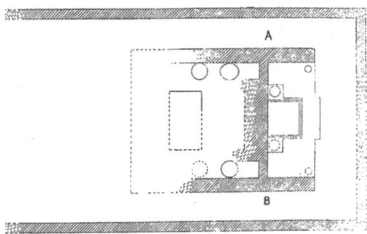

A

B

比例尺
8 4 0 8 16 24英尺

K.K.l.i佛寺立面图

ON A-B

比例尺
4 2 0 4 8 12英尺

A.斯坦因、阿弗拉兹·古尔 测绘

K.K.IV 佛寺剖面图

西
南　　　北
东

哈喇浩特及其附近遗址略图

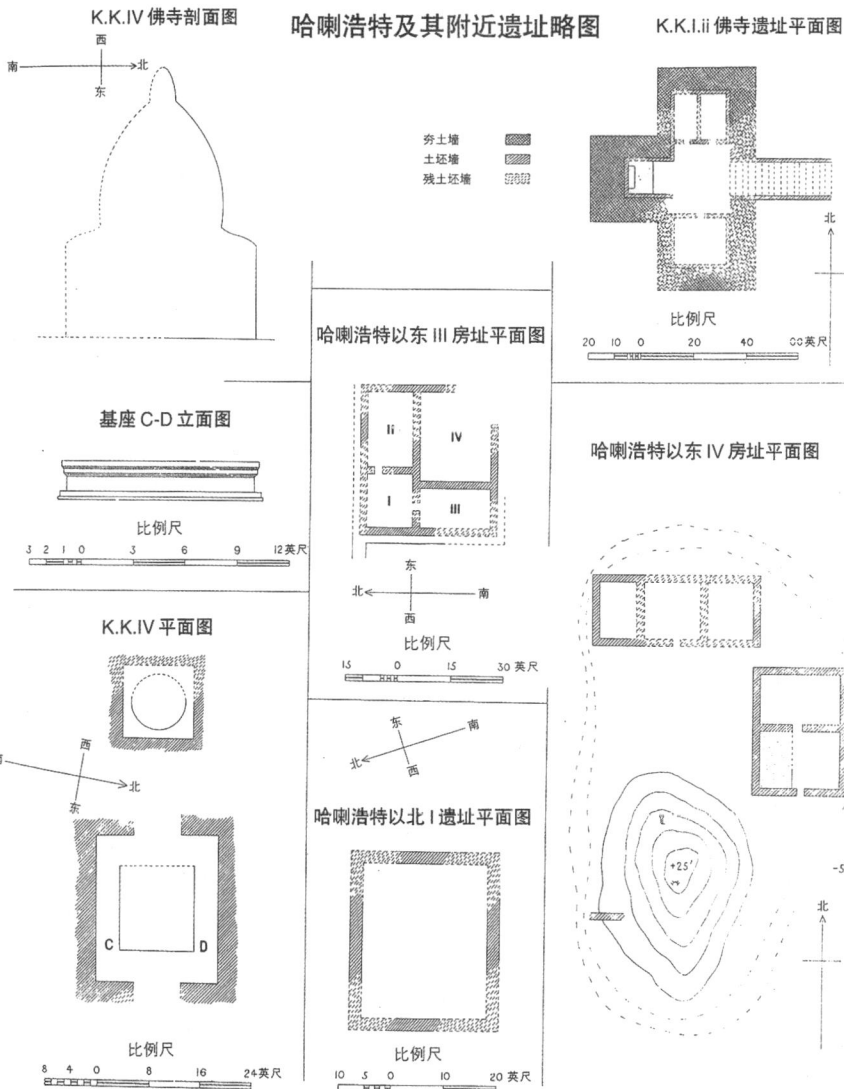

K.K.I.ii 佛寺遗址平面图

夯土墙
土坯墙
残土坯墙

北

比例尺
20 10 0　　20　　40　　00英尺

基座 C-D 立面图

比例尺
3 2 1 0　　3　　6　　9　　12英尺

哈喇浩特以东 III 房址平面图

Ii　　IV

I　　III

北　东
　　南
　　西

比例尺
15　0　　15　　30英尺

哈喇浩特以东 IV 房址平面图

K.K.IV 平面图

西
南　　　北
　　东

C　　D

比例尺
8 4 0　　8　　16　　24英尺

东　南
北
　西

哈喇浩特以北 I 遗址平面图

比例尺
10 5 0　　10　　20英尺

+25'

-5'

北

A.斯坦因、阿弗拉兹·古尔 测绘

平面图

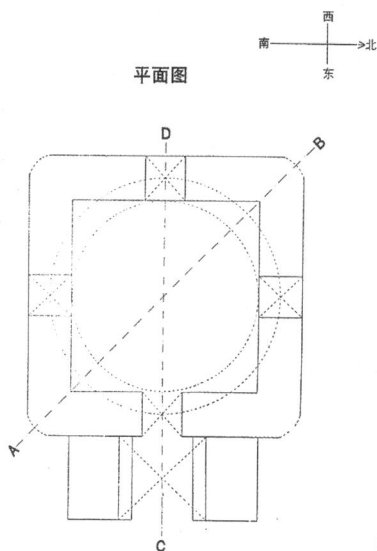

哈喇浩特外的拱拜孜遗址

比例尺

C-D 段剖面图

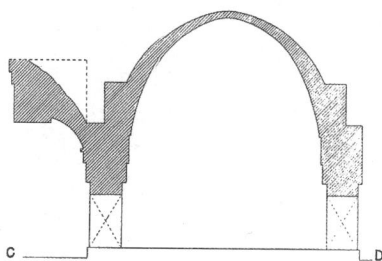

正面立面图

A-B 段剖面图

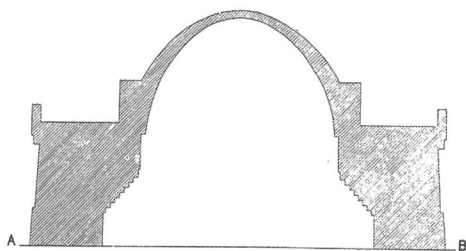

A.斯坦因、阿弗拉兹·古尔 测绘

哈喇浩特以东居址、附近 K.K.II 房址平面图

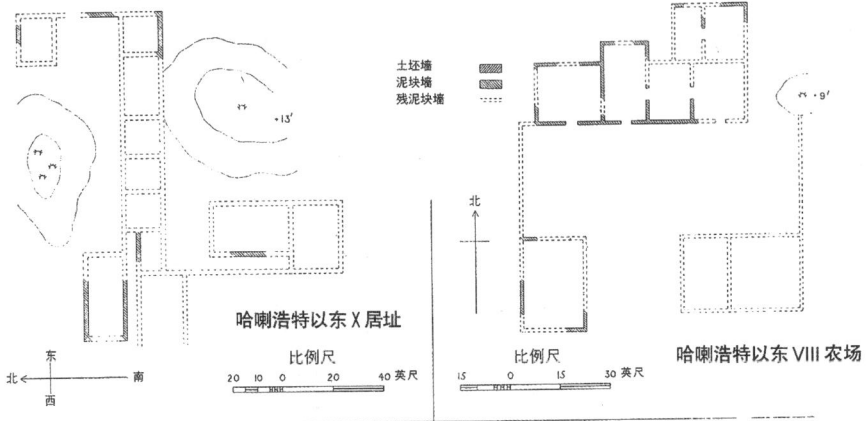

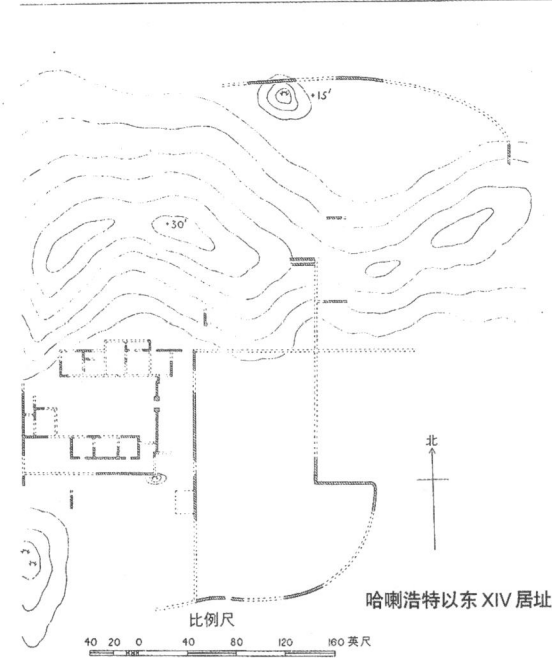

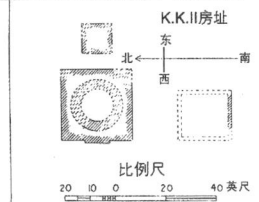

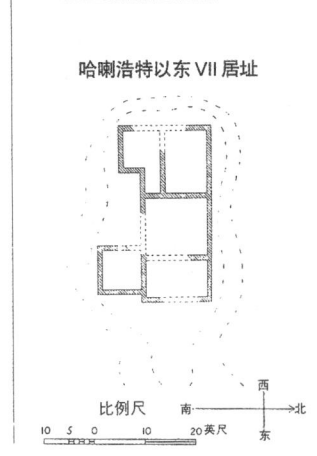

土坯墙
泥块墙
残泥块墙

北

哈喇浩特以东 X 居址

东
北　　南
西

比例尺
20 10 0　20　40 英尺

比例尺
15　0　15　30 英尺

哈喇浩特以东 VIII 农场

K.K.II 房址

东
北　　南
西

比例尺
20 10 0　20　40 英尺

哈喇浩特以东 VII 居址

哈喇浩特以东 XIV 居址

北

比例尺
40 20 0　40　80　120　160 英尺

比例尺
10　5　0　10　20 英尺

南　　西
东　　北

阿弗拉兹·古尔　测绘

北

护堡子附近北庭遗址平面图

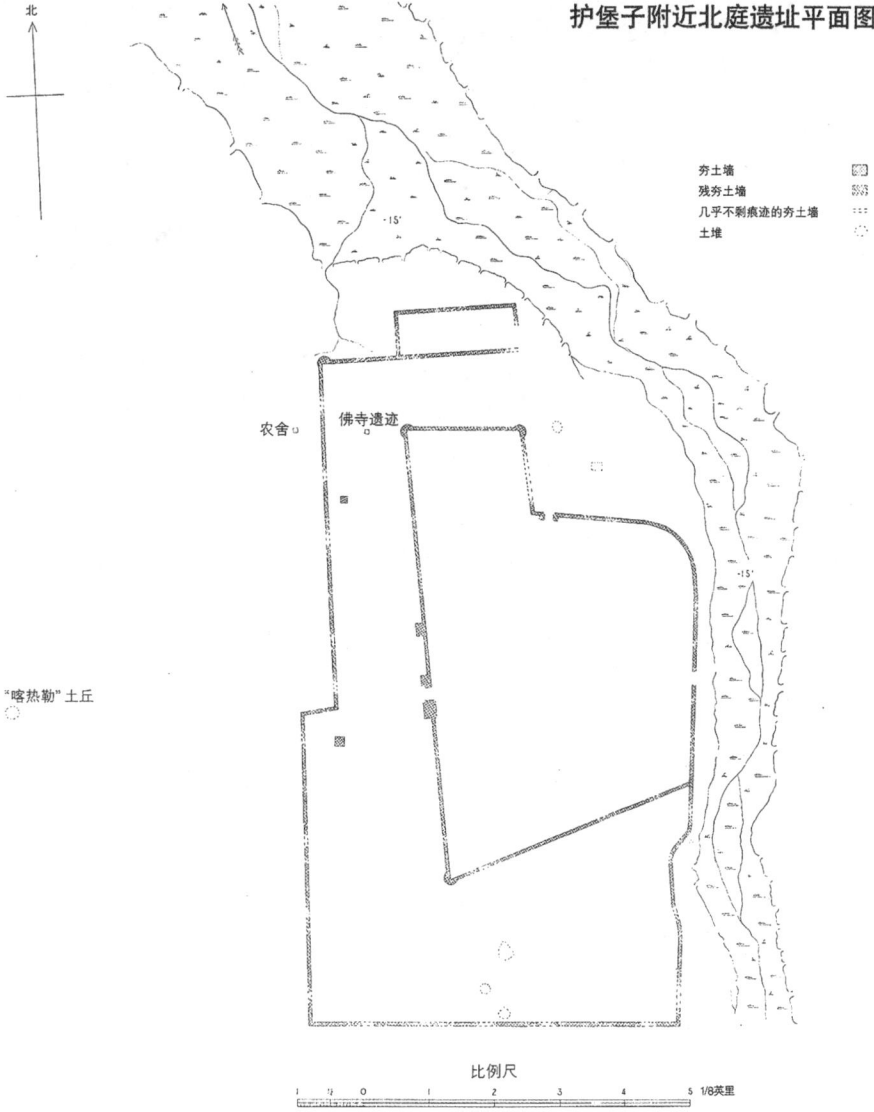

夯土墙
残夯土墙
几乎不剩痕迹的夯土墙
土堆

农舍　　佛寺遗迹

"喀热勒"土丘

比例尺

1　0　1　2　3　4　5 1/8英里

A.斯坦因、阿弗拉兹·古尔 测绘

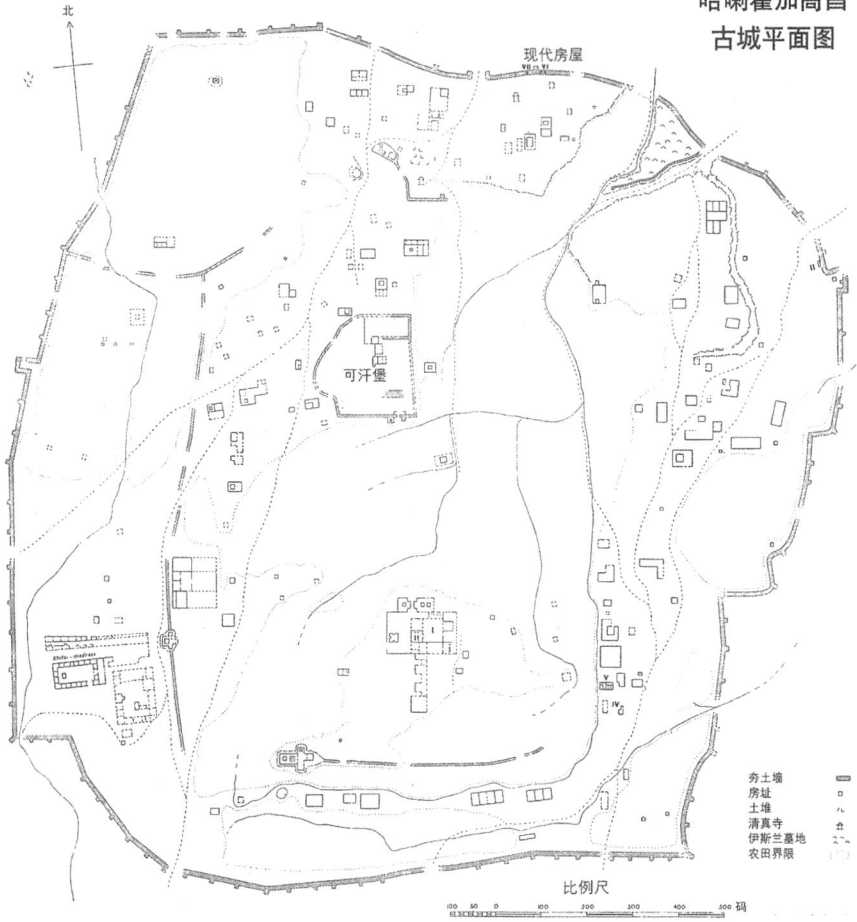

哈喇霍加高昌
古城平面图

北

现代房屋
VⅢ.VⅠ

可汗堡

Khöja - madrasa

夯土墙
房址
土堆
清真寺
伊斯兰墓地
农田界限

比例尺

100 50 0   100   200   300   400   500 码

Muh.亚库甫、阿弗拉兹·古尔 测绘

哈喇霍加 KAO.III 建筑遗址平面图

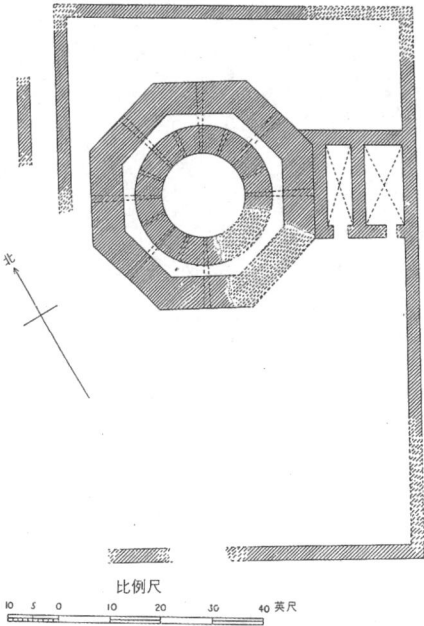

北

比例尺

10　5　0　　　10　　　20　　　30　　　40 英尺

哈喇霍加 KAO.V 建筑遗址平面图

土坯、石块建筑

石墙壁

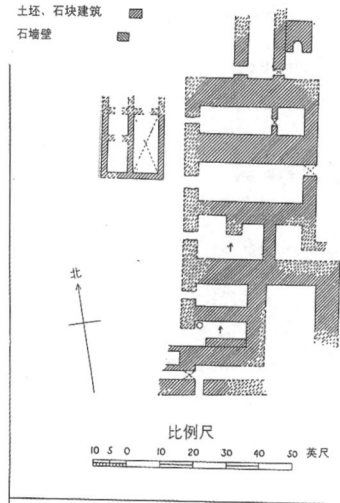

北

比例尺

10　5　0　　10　　20　　30　　40　　50 英尺

吐峪沟 TOY.I-III 遗址平面图

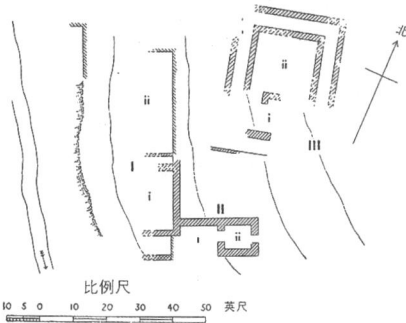

北

ii

ii

i

I

II

III

比例尺

10　5　0　　10　　20　　30　　40　　50 英尺

吐峪沟 TOY.V 房址平面图

北

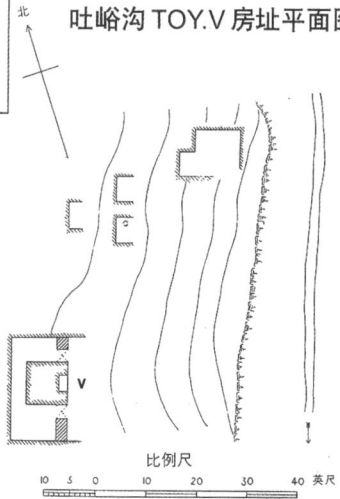

V

比例尺

10　5　0　　10　　20　　30　　40 英尺

A.斯坦因、阿弗拉兹·古尔 测绘

交河 YAR.I 房址平面图

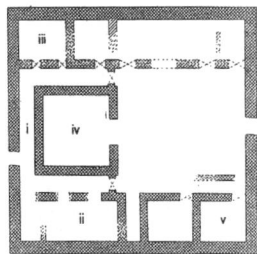

比例尺

丫头沟石窟平面图

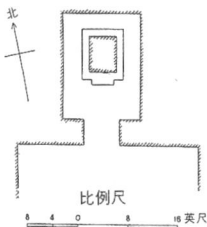

比例尺

连林沁附近古
堡遗址平面图

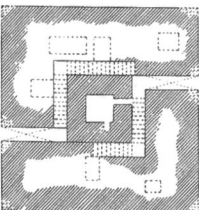

比例尺

土坯墙
夯土墙
石壁
墓葬

丫头沟房址平面图

比例尺

丫头沟叶提克孜霍加木
麻扎附近墓葬位置平面图

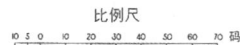

比例尺

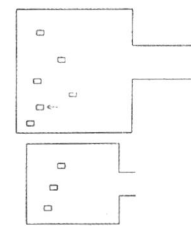

A.斯坦因、阿弗拉兹·古尔 测绘

吐峪沟沟西建筑群平面图

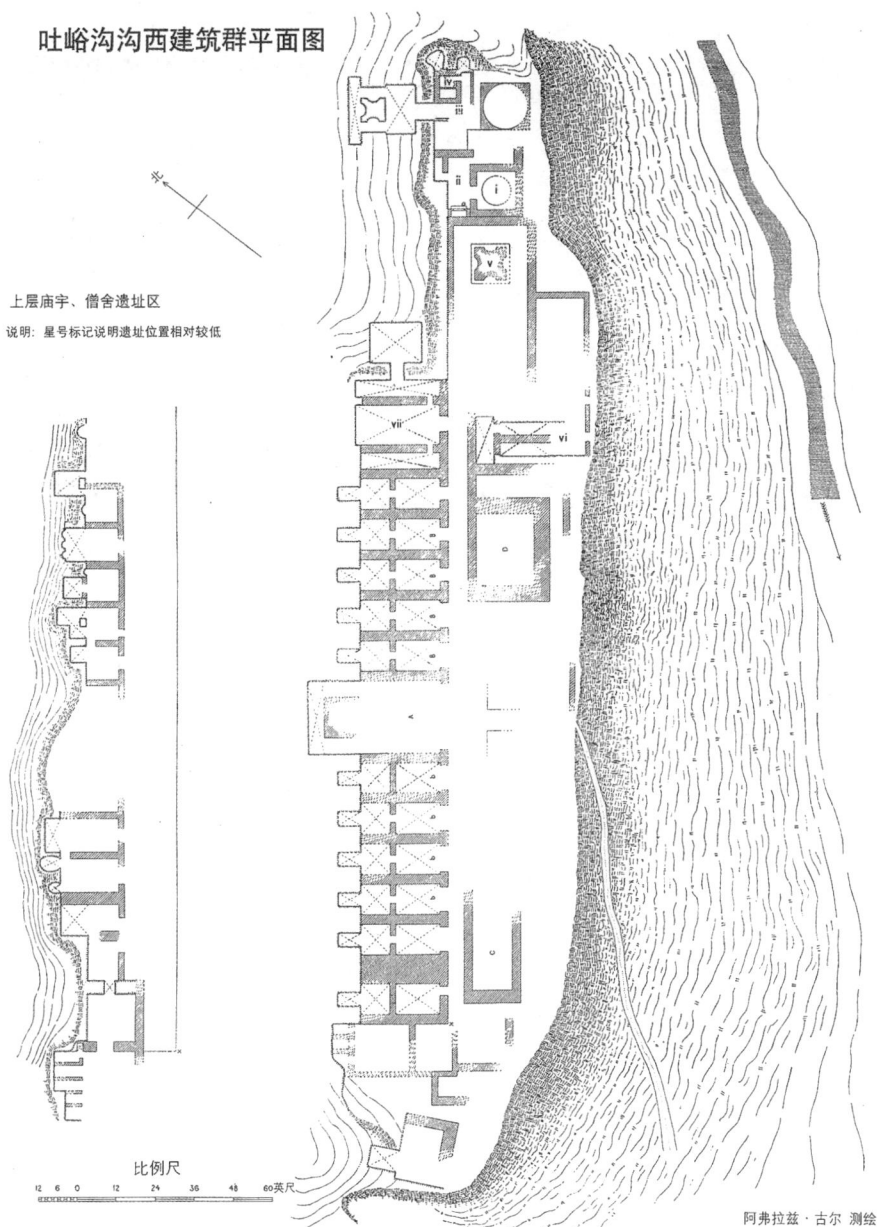

上层庙宇、僧舍遗址区

说明：星号标记说明遗址位置相对较低

比例尺

12　6　0　12　24　36　48　60英尺

阿弗拉兹·古尔　测绘

土峪沟 TOYUK VI
石窟立面、平面图

比例尺

6 3 0   6   12   18   24 英尺

斯尔克甫吐拉遗址平面图

石壁
土坯建筑
龛
螺旋通道

比例尺

6 4 0   8   16   24   32   40 英尺

M.B.I、II 遗址平面图

南　西　北
东

II

比例尺

20 10 0   20   40   60 英尺

I

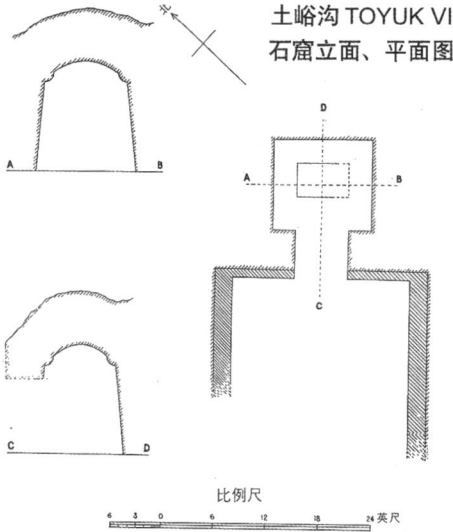

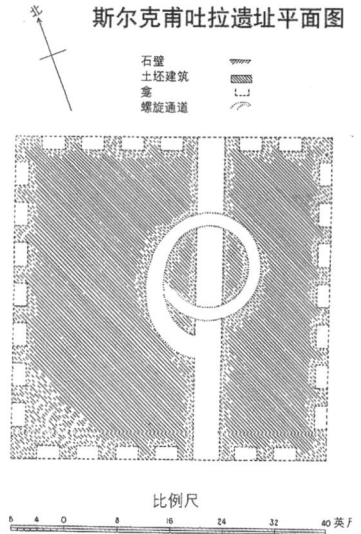

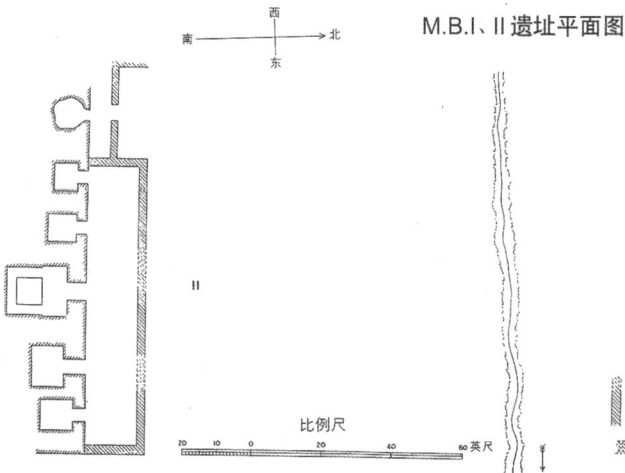

阿弗拉兹·古尔 测绘

木头沟附近遗址位置平面图

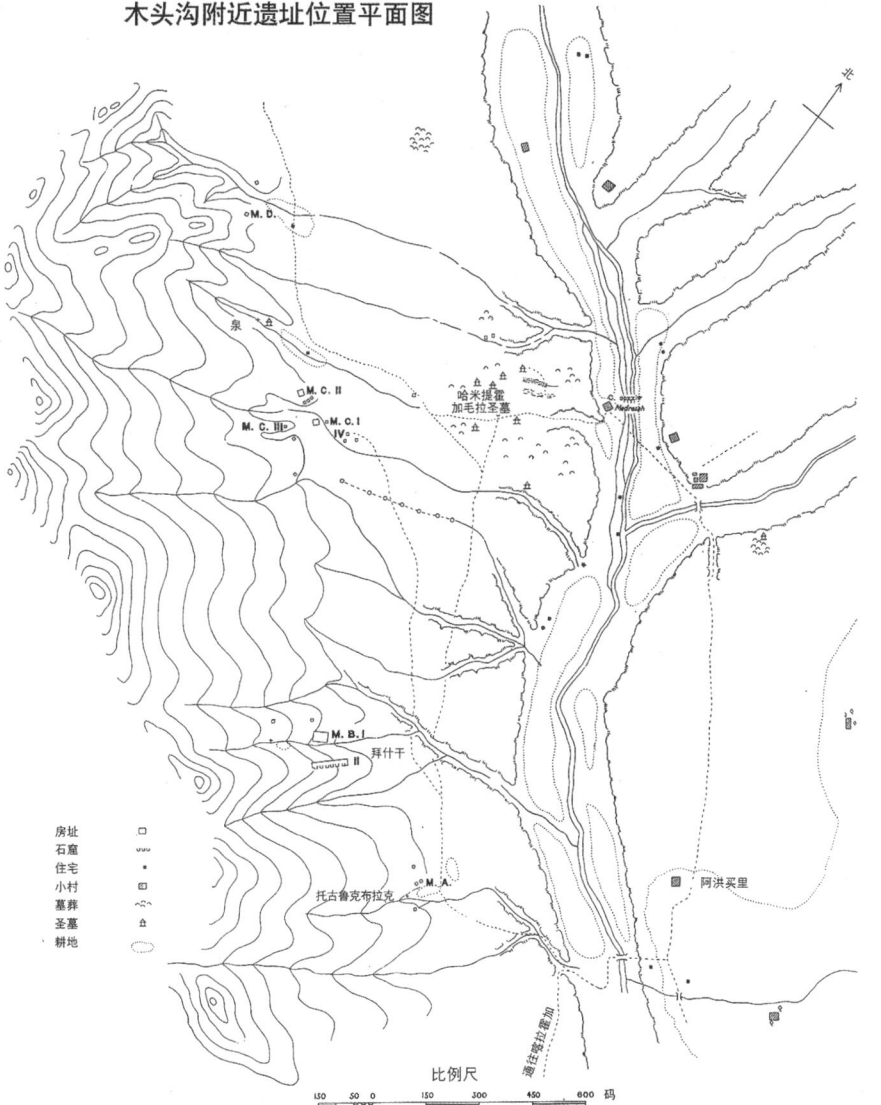

房址
石窟
住宅
小村
墓葬
圣墓
耕地

比例尺

A.斯坦因、阿弗拉兹·古尔 测绘

柏孜克里克寺庙
遗 址 平 面 图

比例尺

50 25 0　　50　　100　　150 英尺

石壁　　　　—
土坯建筑　　□

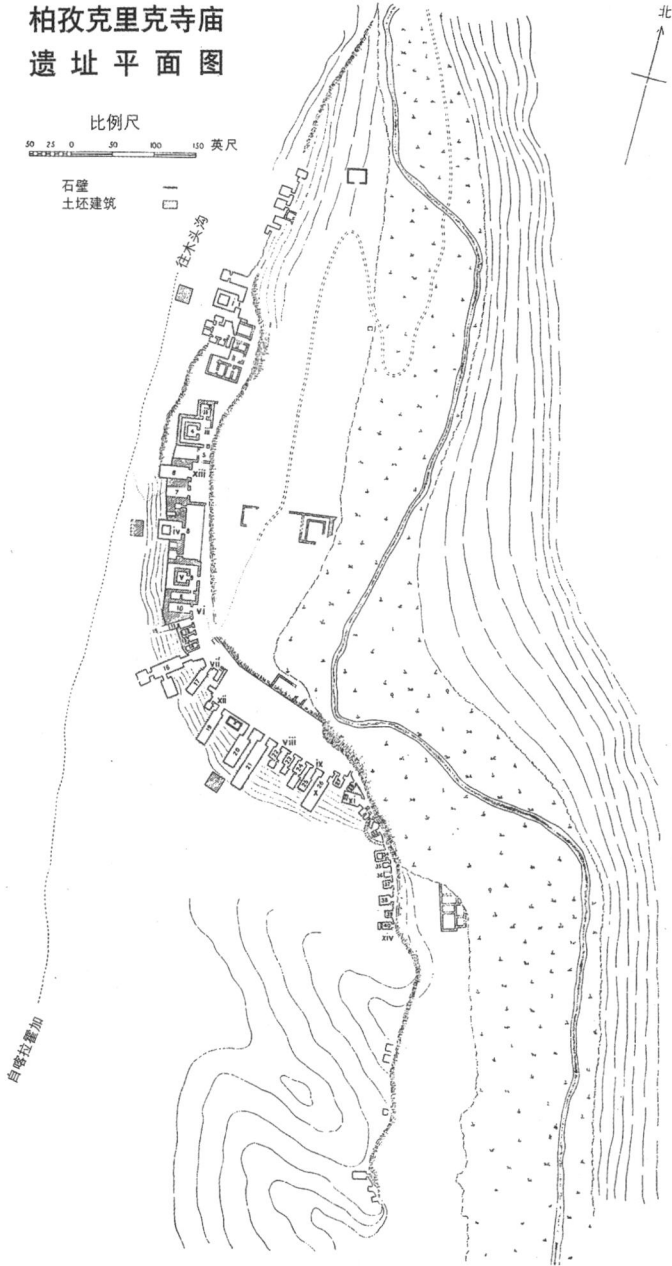

北

在木斗沟

自峰拉曜加

xiii
iv
vi
vii
xii
viii
xiv

阿弗拉兹·古尔 测绘

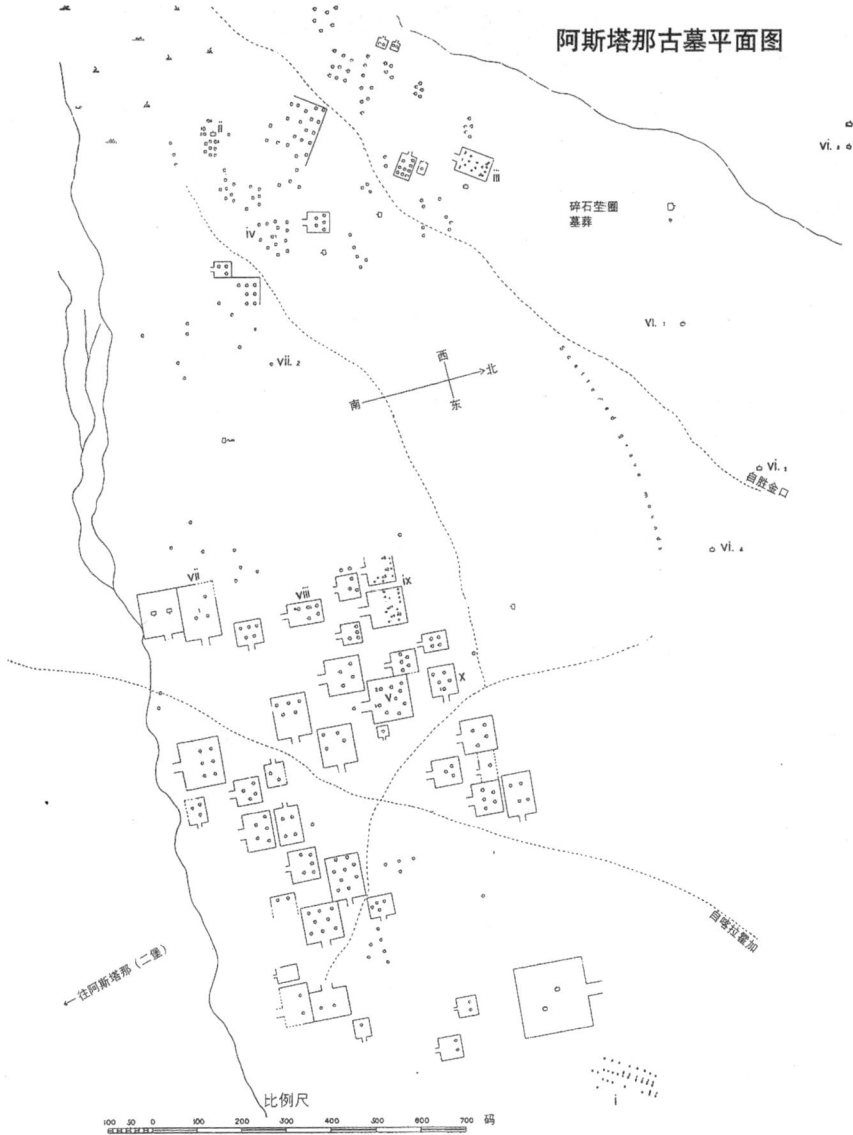

阿斯塔那古墓平面图

A.斯坦因、阿弗拉兹·古尔 测绘

阿斯塔那 i、ii 墓地墓葬平面图

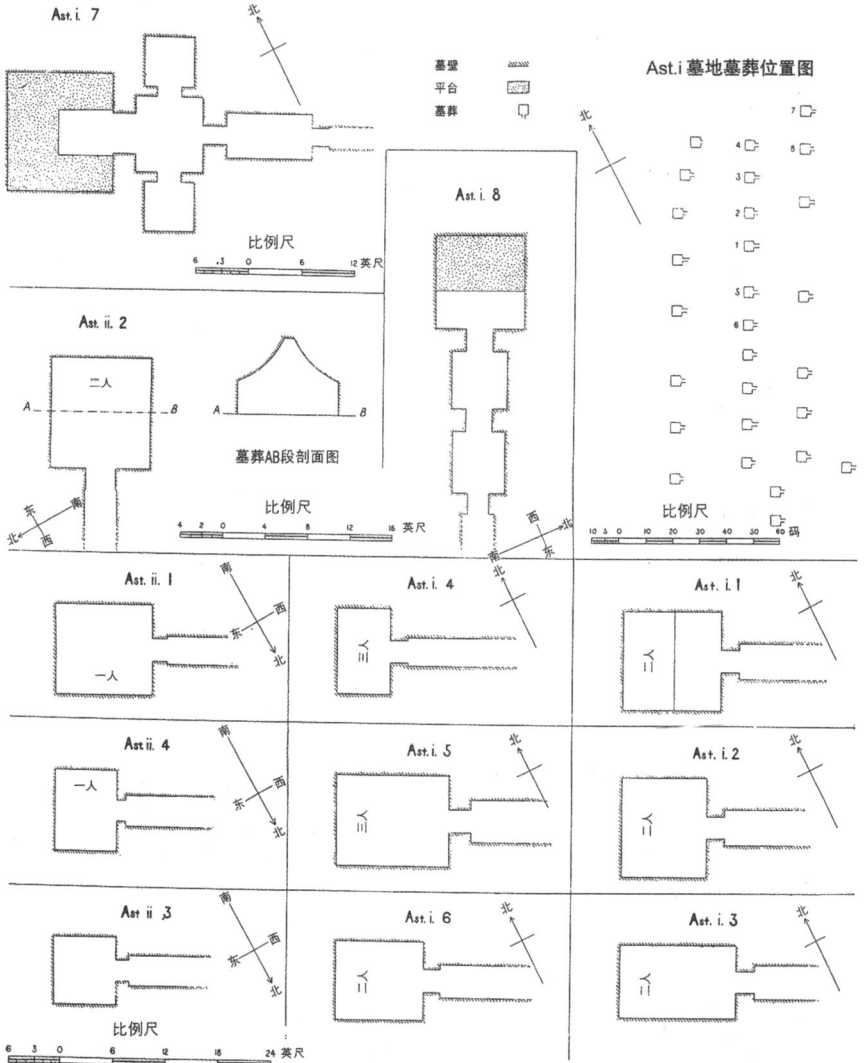

Ast.i.7

墓壁
平台
墓葬

Ast.i 墓地墓葬位置图

Ast.i.8

比例尺
6 3 0 6 12 英尺

Ast.ii.2

二人

墓葬AB段剖面图

比例尺
4 2 0 4 8 12 16 英尺

比例尺
10 5 0 10 20 30 40 50 60 码

Ast.ii.1

一人

Ast.i.4

二人

Ast.i.1

三人

Ast.ii.4

一人

Ast.i.5

二人

Ast.i.2

二人

Ast.ii.3

Ast.i.6

二人

Ast.i.3

二人

比例尺
6 3 0 6 12 18 24 英尺

阿弗拉兹·古尔 测绘

阿斯塔那 i、iV、V 墓地墓葬平面图

Ast. iii墓地墓葬平面位置图

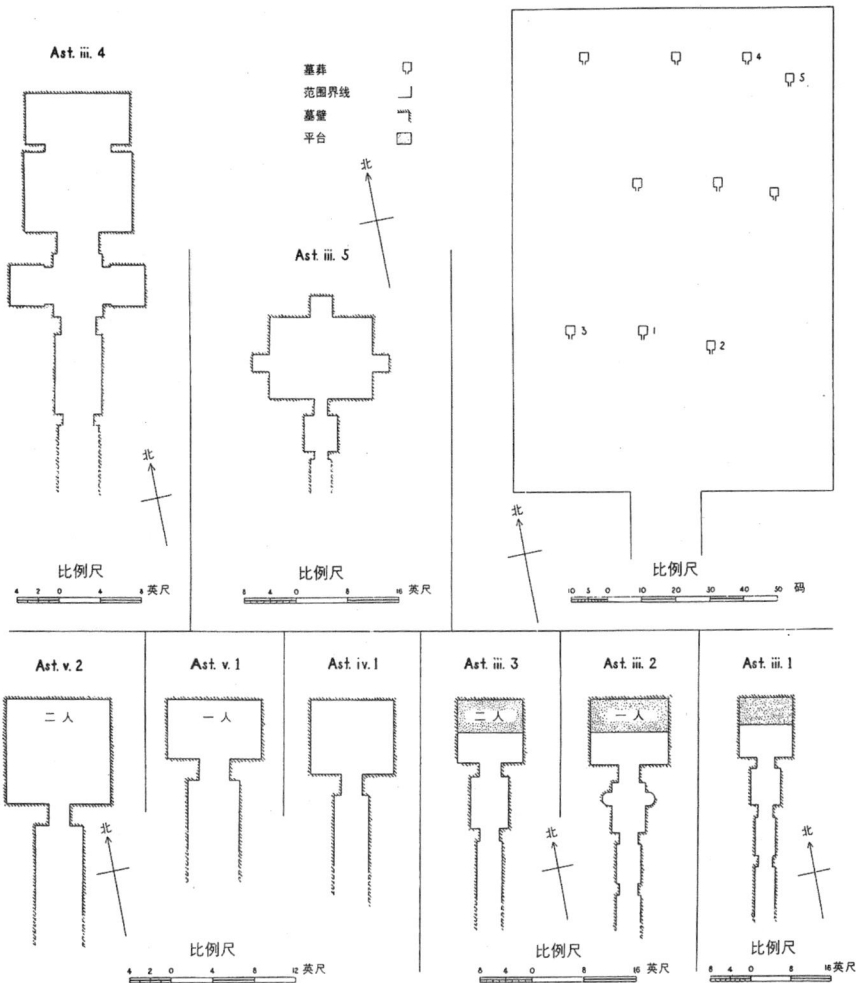

Ast. iii. 4

墓葬
范围界线
墓壁
平台

北

Ast. iii. 5

比例尺
4 2 0 2 英尺

北

比例尺
8 4 0 16 英尺

北

比例尺
10 5 0 10 20 30 40 50 码

Ast. v. 2

二人

Ast. v. 1

一人

Ast. iv. 1

Ast. iii. 3

二人

Ast. iii. 2

二人

Ast. iii. 1

北

北

北

比例尺
4 2 0 4 12 英尺

比例尺
8 4 0 16 英尺

比例尺
8 4 0 8 英尺

阿弗拉兹·古尔 测绘

阿斯塔那 Vii～X 墓地墓葬平面图

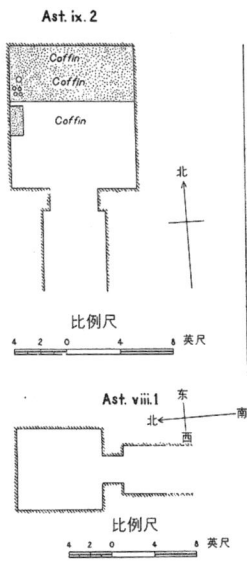

Ast. ix. 2

Coffin

Coffin

Coffin

北

比例尺

4 2 0　　　　8 英尺

Ast. ix 墓地墓葬平面位置图

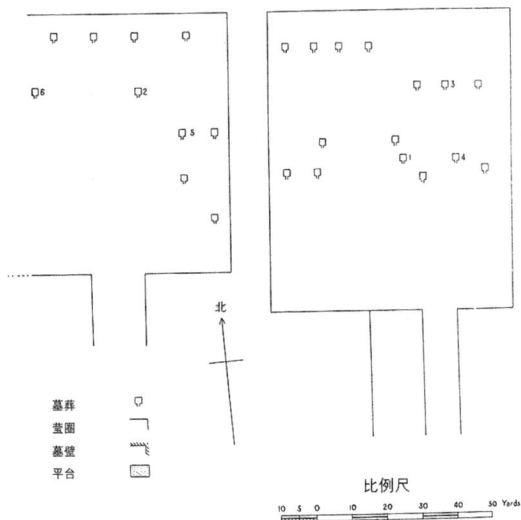

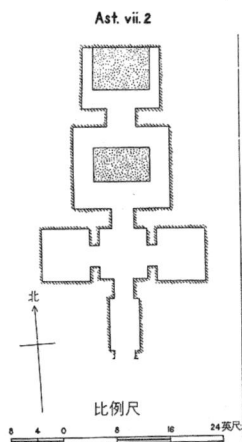

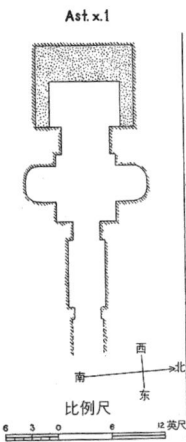

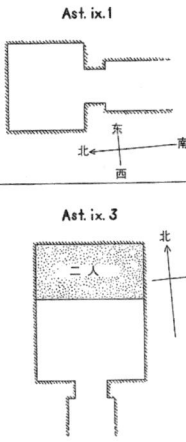

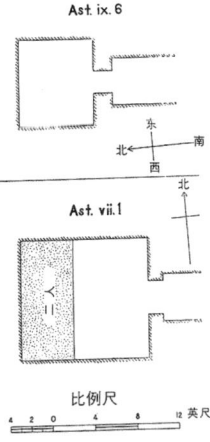

北

墓葬
茔围
墓壁
平台

比例尺

10 5 0　 10　20　30　40　50 Yards

Ast. viii.1

东

北　　　南

西

比例尺

4 2 0　　4　　8 英尺

Ast. vii.2

北

比例尺

8 4 0　　8　　16　　24英尺

Ast. x.1

西

南　　北

东

比例尺

6 3 0　　6　　12英尺

Ast. ix.1

东

北　　　南

西

Ast. ix.6

东

北　　　南

西

Ast. ix.3

二人

北

Ast. vii.1

北

二人

比例尺

4 2 0　　4　　12 英尺

阿弗拉兹·古尔 测绘

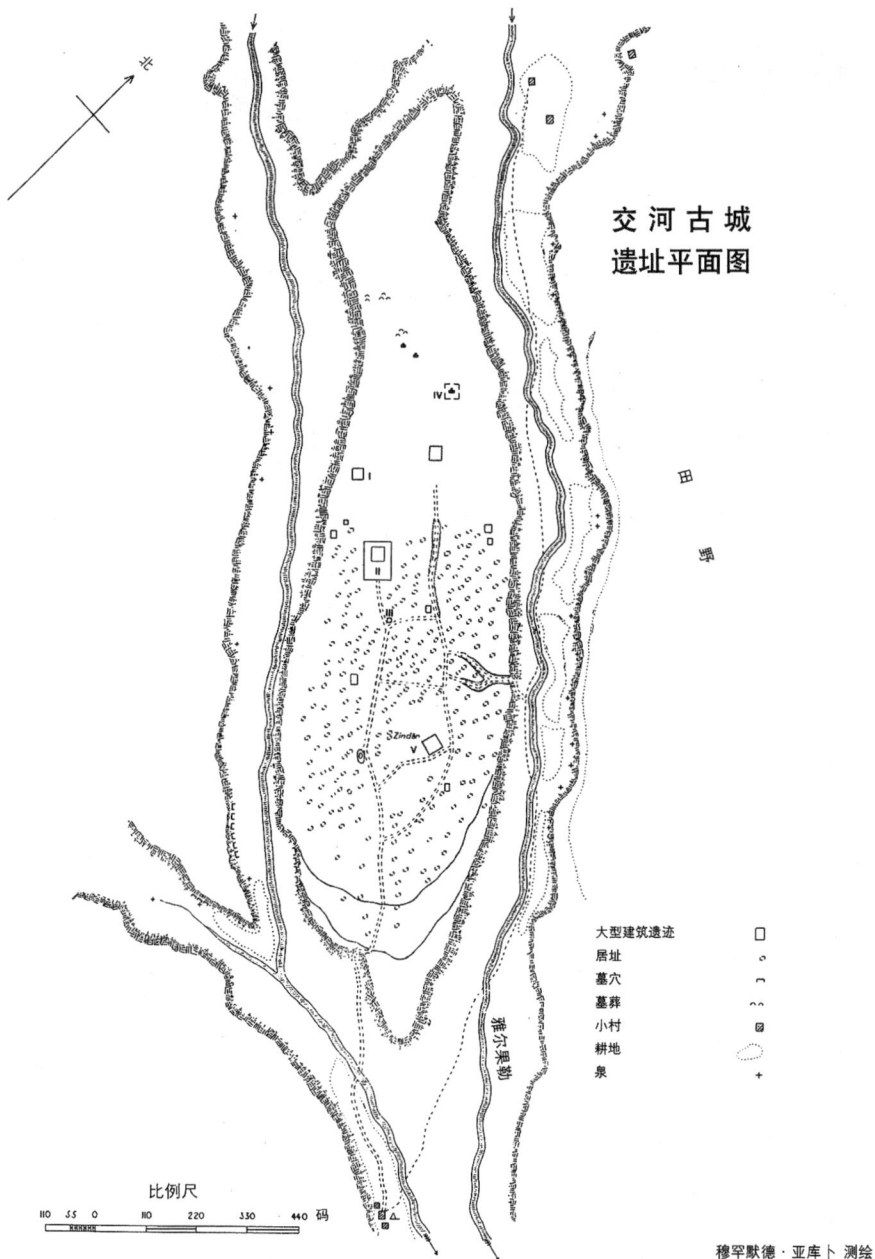

北

交河古城
遗址平面图

田野

S Zindān

雅尔果勒

大型建筑遗迹
居址
墓穴
墓葬
小村
耕地
泉

比例尺

110　55　0　　110　　220　　330　　440　码

穆罕默德·亚库卜　测绘

营盘遗址平面图

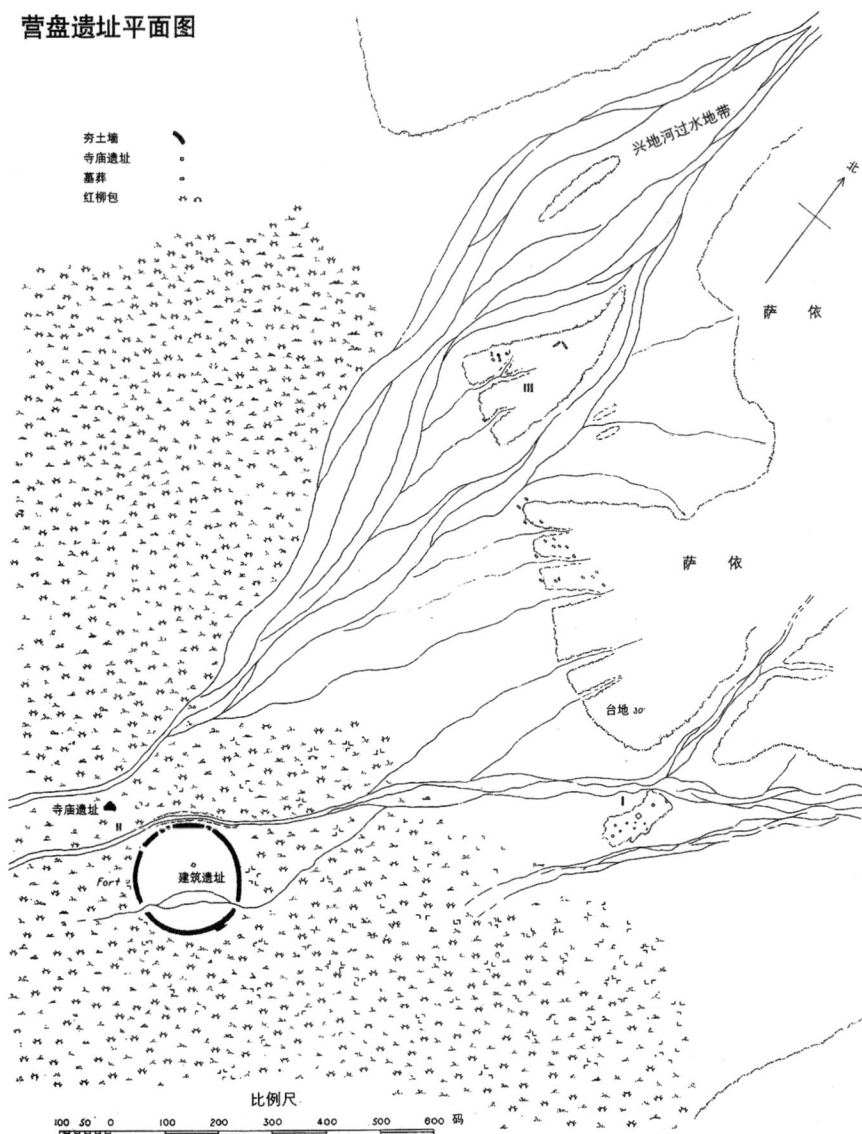

夯土墙
寺庙遗址
墓葬
红柳包

兴地河过水地带

北

萨 依

Ⅲ

萨 依

台地 30'

寺庙遗址

Ⅱ

Ⅰ

Fort

建筑遗址

比例尺

100 50 0   100   200   300   400   500   600 码

A.斯坦因、阿弗拉兹·古尔 测绘

北

营盘寺庙遗址

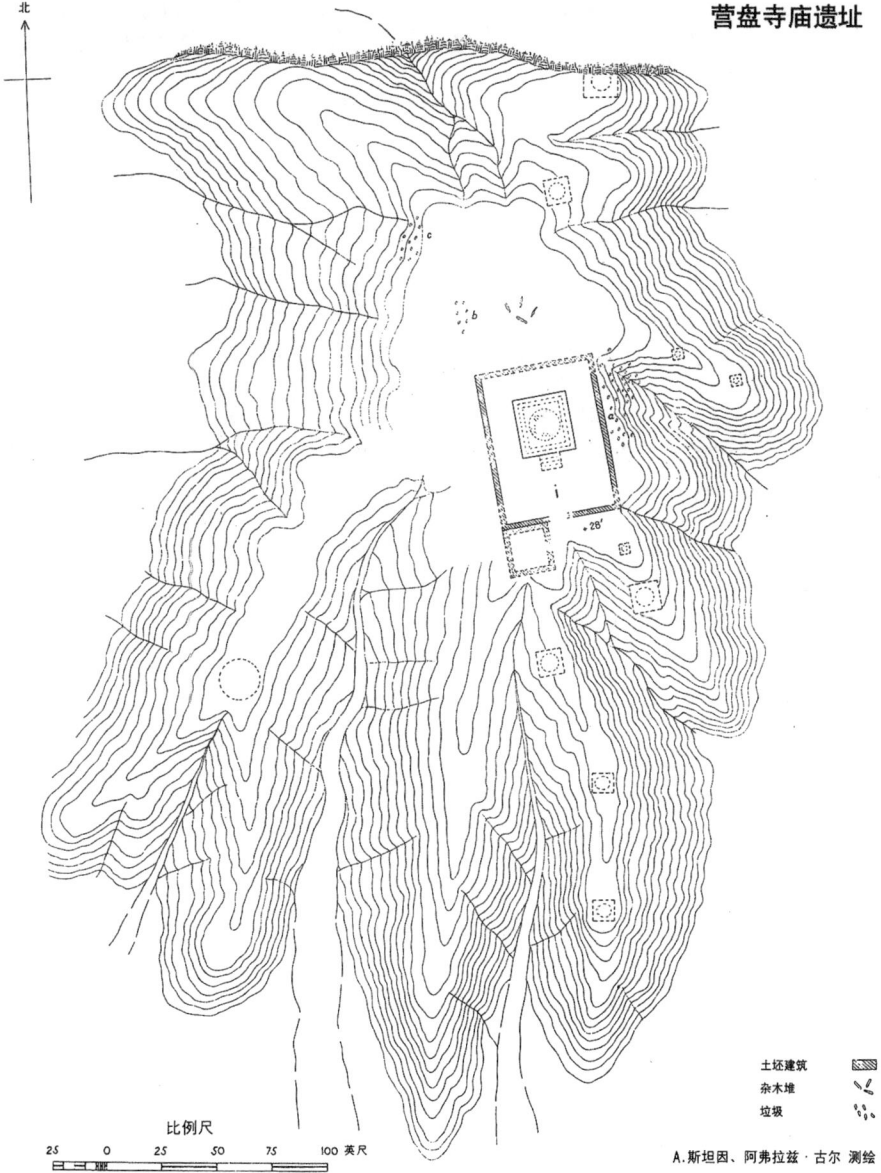

土坯建筑

杂木堆

垃圾

比例尺

25　　0　　25　　50　　75　　100 英尺

A.斯坦因、阿弗拉兹·古尔 测绘

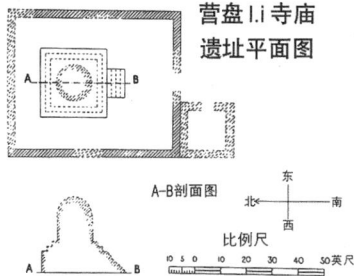

营盘 I.i 寺庙遗址平面图

石块建筑　晚期石块建筑　土块建筑　束薪　墓葬　垃圾

Y.VIII 亚尔喀热勒驿站庙遗址平面图

A-B 剖面图　比例尺

东　北　南　西

L.Q 墓地平面图

L.Q

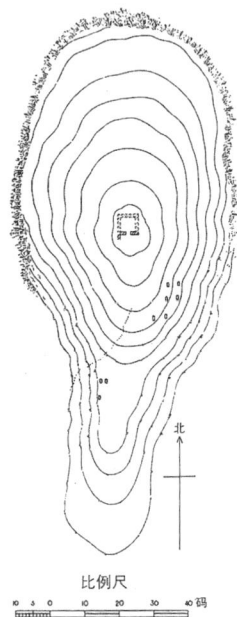

比例尺

北

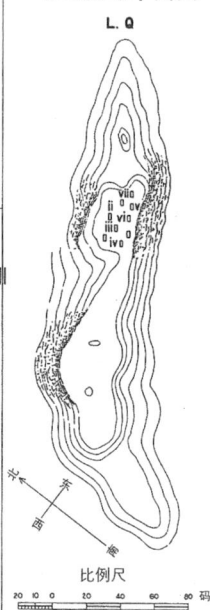

营盘寺庙 YING-P□AN Ⅱ 平面图

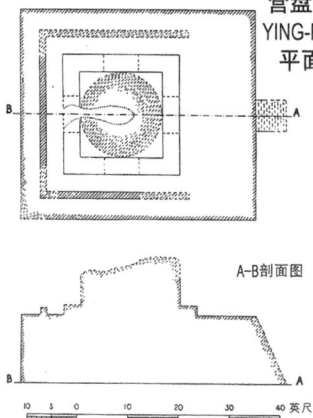

A-B 剖面图

北

北　英尺　西　南

比例尺

比例尺

烽燧 Y.VII 平面图

烽燧 Y.I

烽燧 Y.II

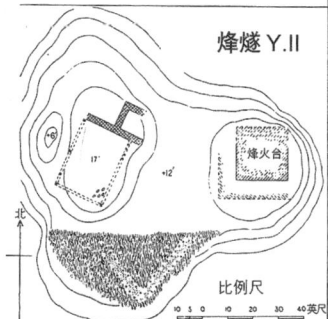

土坯实心台

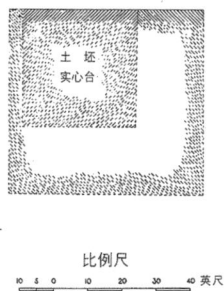

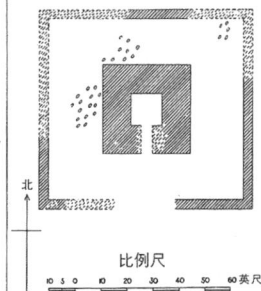

北　比例尺

北　比例尺

北　比例尺

A.斯坦因、阿弗拉兹·古尔 测绘

却勒阿巴德古堡 K.Vii 平面图

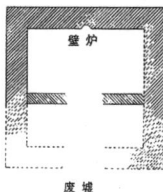

壁炉

废墟

却勒阿巴德古堡 K.V 平面图

上层为
守望屋

亚原水2698呎

比例尺

10 5 0 10 20 英尺

轮台拉依苏附近 遗址平面图

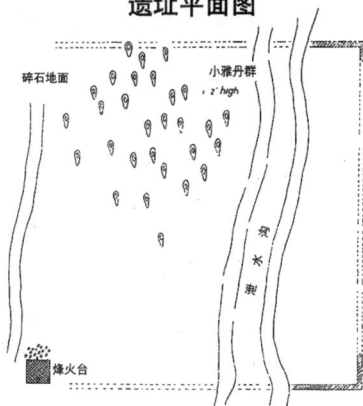

碎石地面

小雅丹群
2' high

烽火台

土坯建筑

残墙痕迹

夯土

泥土平台

垃圾

雅丹

晚期土坯建筑

比例尺

100 50 0 100 200 300 400 英尺

北

烽火台

却勒阿巴德驿站 遗址平面图

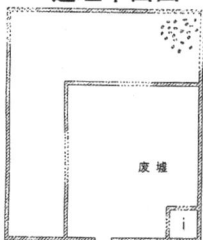

废墟

i

比例尺

60 30 0 60 120 180 英尺

库车古城墙 遗址平面图

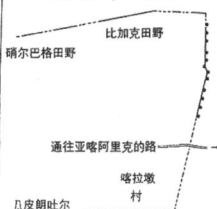

比加克田野

晴尔巴格田野

通往亚喀阿里克的路

喀拉墩
村

皮朗吐尔

比例尺

3 2 1 0 1 2 3 51/8 英里

却勒阿巴德古城 K.VIII 平面图

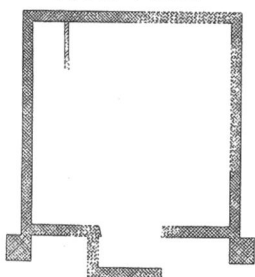

比例尺

20 10 0 20 40 60 80 英尺

库车皮朗吐拉 古堡平面图

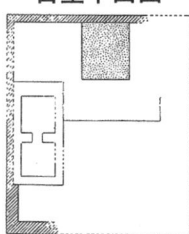

北

比例尺

15 10 5 0 10 20 30 40 50 60 70 英尺

乔克塔木驿站 遗址平面图

比例尺

40 20 0 40 80 英尺

A.斯坦因、阿弗拉兹·古尔 测绘

克孜勒古城墙
遗址平面图

通古孜巴什寺院
遗址平面图

土坯建筑
夯土墙
木篱巴
垃圾
红柳包
风蚀斜坡

比例尺

30 15 0   30   60   90   120   150 英尺

比例尺

40   20   0   40   80   120 英尺

通古孜巴什古城
遗址平面图

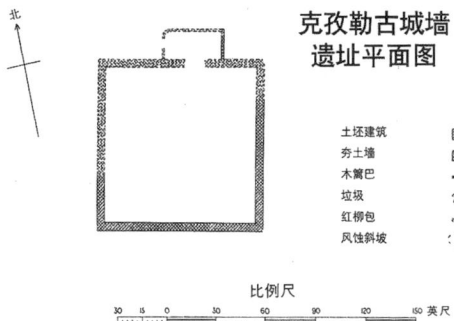

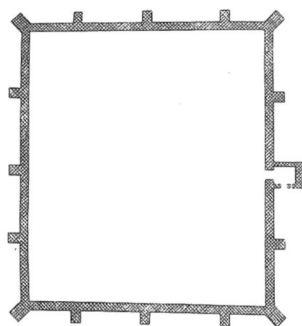

萨依阿里克附近阿克协尔
古城遗址平面图

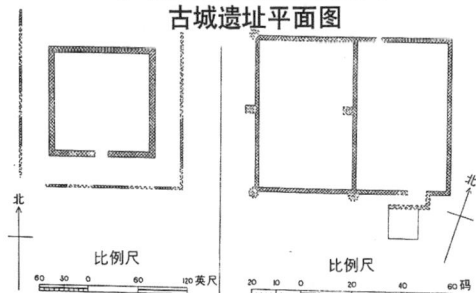

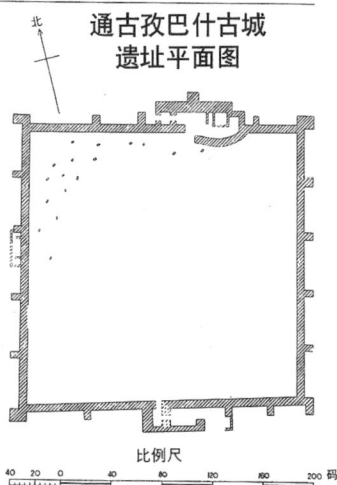

比例尺

60 30 0   60   120 英尺

比例尺

20 10 0   20   40   60 码

比例尺

40 20 0   40   80   120   160   200 码

A.斯坦因、阿弗拉兹·古尔 测绘

塔吉克遗址区平面图

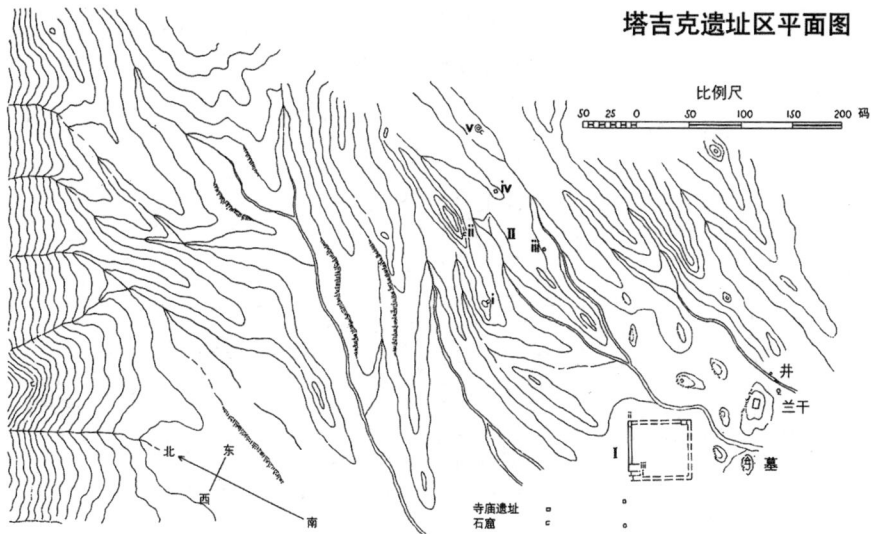

比例尺

50 25 0   50   100   150   200 码

井
兰干

墓

I

寺庙遗址
石窟

北
东
西
南

库车黑大爷协亥尔遗址区平面图

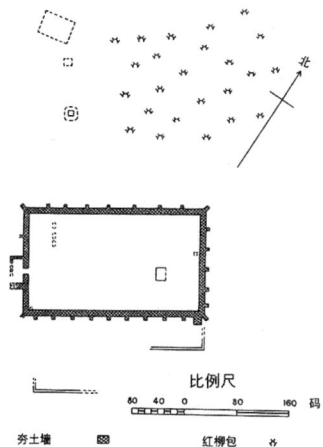

北

比例尺

80 40 0   80   160 码

夯土墙   红柳包

哈那克阿塔木附近
琼协尔古城平面图

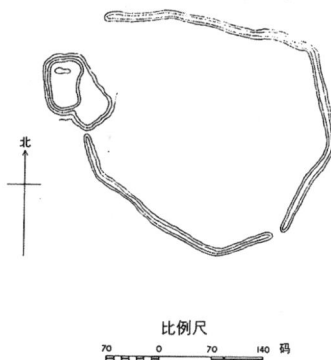

北

比例尺

70   0   70   140 码

A.斯坦因、阿弗拉兹·古尔 测绘

托格拉克艾肯
遗址区平面图

寺庙
墓葬

通向塔吉克的路

围墙遗迹

比例尺

50　25　0　　　50　　　100　　　150 码

A.斯坦因、阿弗拉兹·古尔　测绘

托格拉克艾肯石窟寺遗址平面图

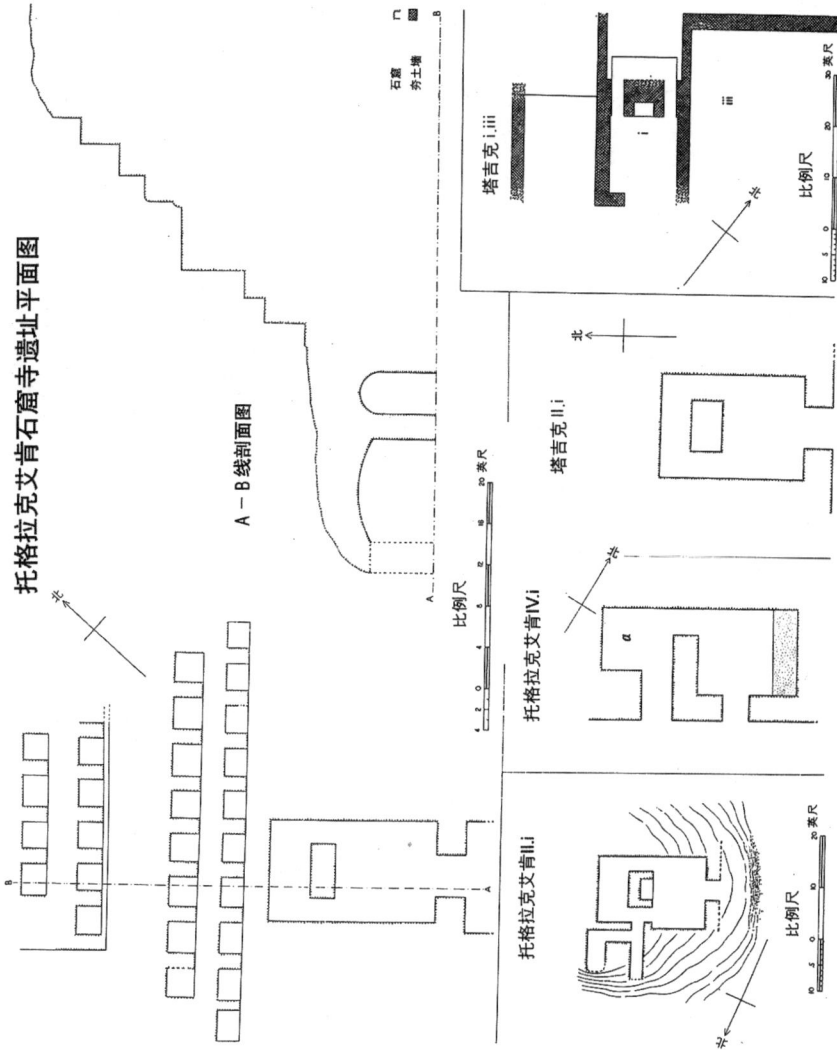

A－B 线剖面图

比例尺

石器
夯土墙

塔吉克 i.iii

i

iii

北

比例尺

A.斯坦因、阿弗拉兹·古尔 测绘

塔吉克 II.i

托格拉克艾肯 IV.i

a

北

比例尺

托格拉克艾肯 II.i

比例尺

北

比例尺

库车黑大爷巴扎居住遗址平面图

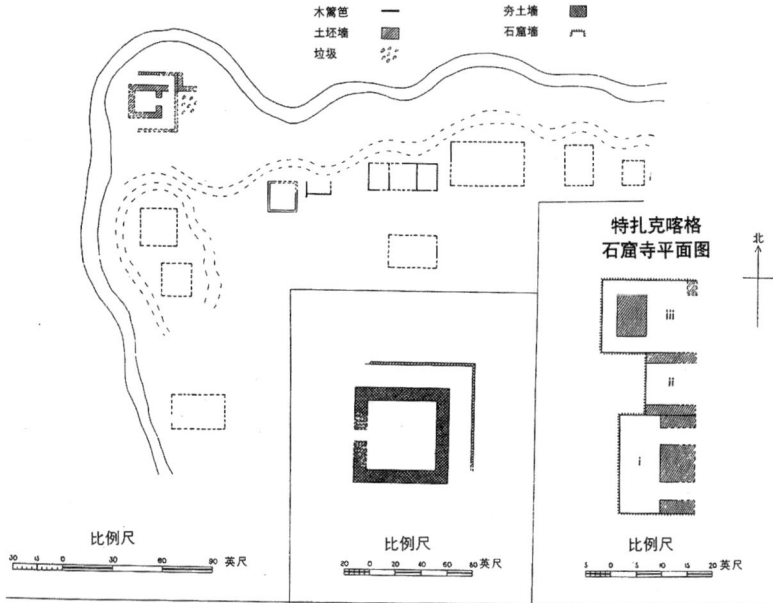

木篱笆　　　　夯土墙
土坯墙　　　　石窟墙
垃圾

比例尺
30 0 30 60 90 英尺

比例尺
20 0 20 40 60 80 英尺

特扎克喀格石窟寺平面图

北↑

iii

ii

i

比例尺
5 0 5 10 20 英尺

吉格代里克石窟东区
JIG.III 平面图

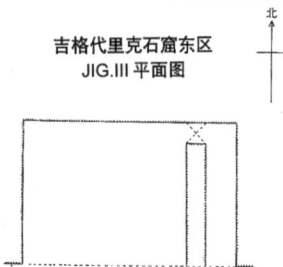

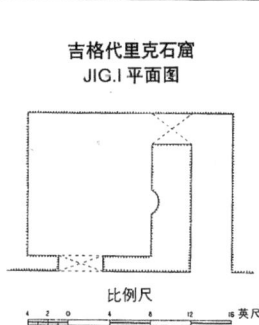

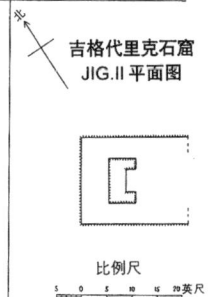

北↑

吉格代里克石窟
JIG.I 平面图

吉格代里克石窟
JIG.II 平面图

比例尺
4 2 0 4 8 12 16 英尺

比例尺
5 0 5 10 15 70 英尺

A.斯坦因、阿弗拉兹·古尔 测绘

希萨尔古城遗址平面图

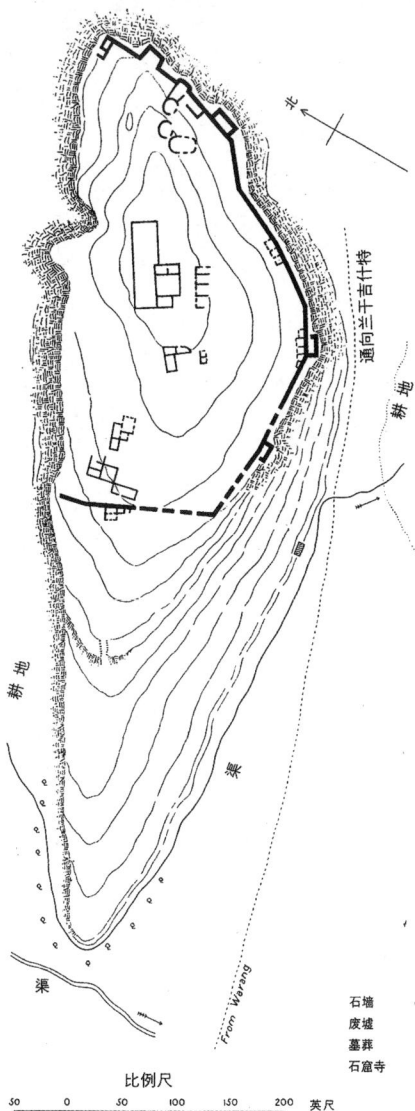

特扎克喀格附近遗址平面图

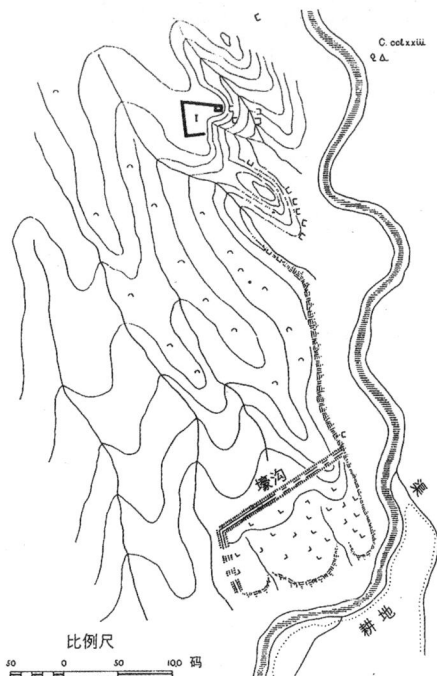

瓦朗的喀拉依藏吉巴尔遗址平面图

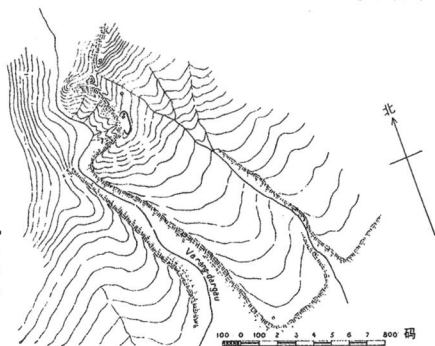

A.斯坦因、阿弗拉兹·古尔 测绘

藏吉巴尔古城
遗址平面图

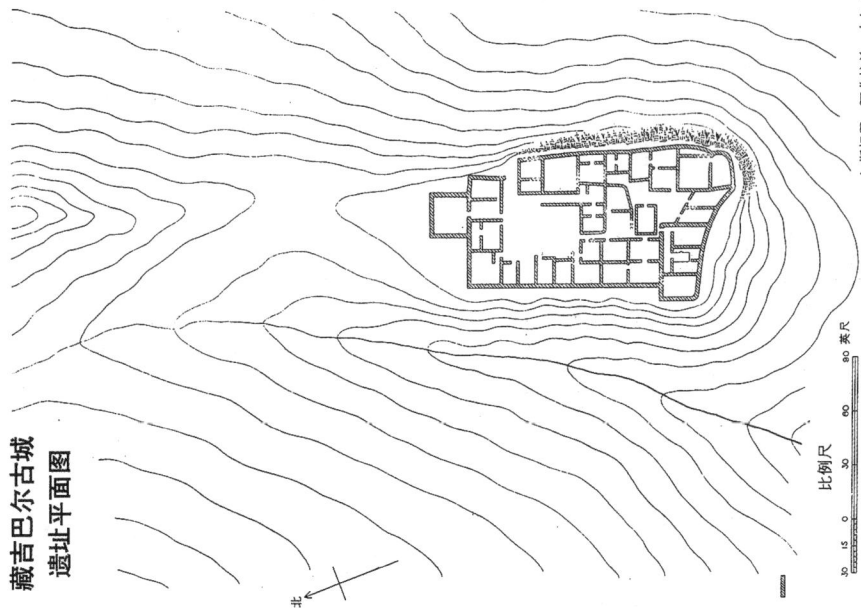

A.斯坦因、阿弗拉兹·古尔 测绘

北

比例尺

苏木沁古城
遗址平面图

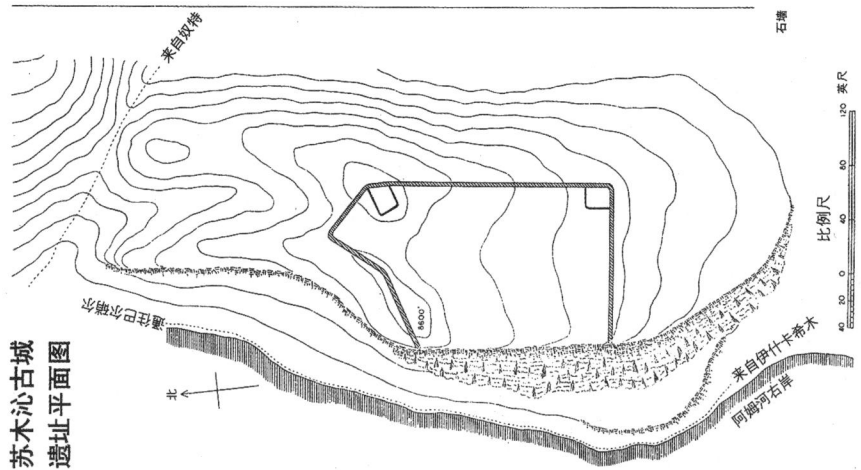

北

比例尺

来自奴特

来自伊什卡希木

阿姆河右岸

石墙

扎木尔·伊·阿提什·巴拉斯特
堡垒遗址平面图

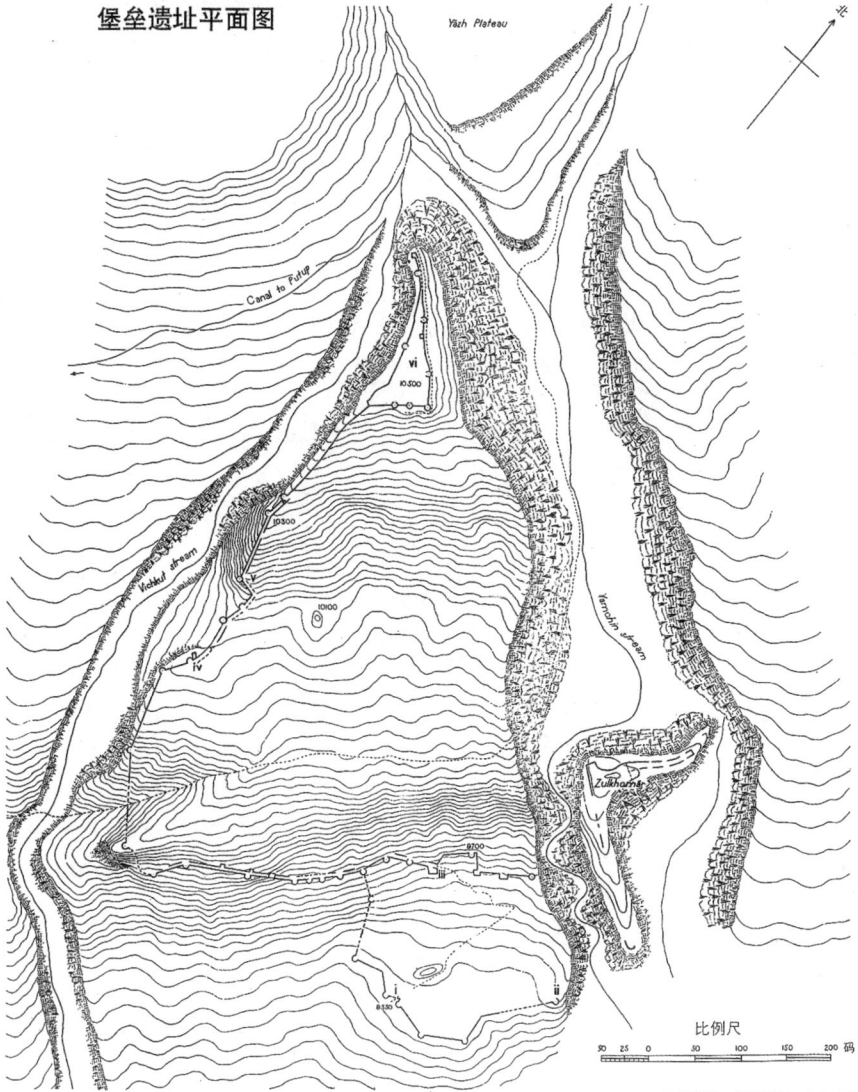

比例尺

A.斯坦因、阿弗拉兹·古尔 测绘

达尔萨依的卡菲尔
古城遗址平面图

达尔萨依河

通往什特哈尔

From Dar-Jai

石墙 ———
残石墙 -----

比例尺

20 10 0   20   40   60   80   100 码

扎木尔·伊·阿提什·巴拉斯特
高地古堡遗址平面图

石块建筑
残石块建筑

比例尺

50 25 0   50   100   150   200 英尺

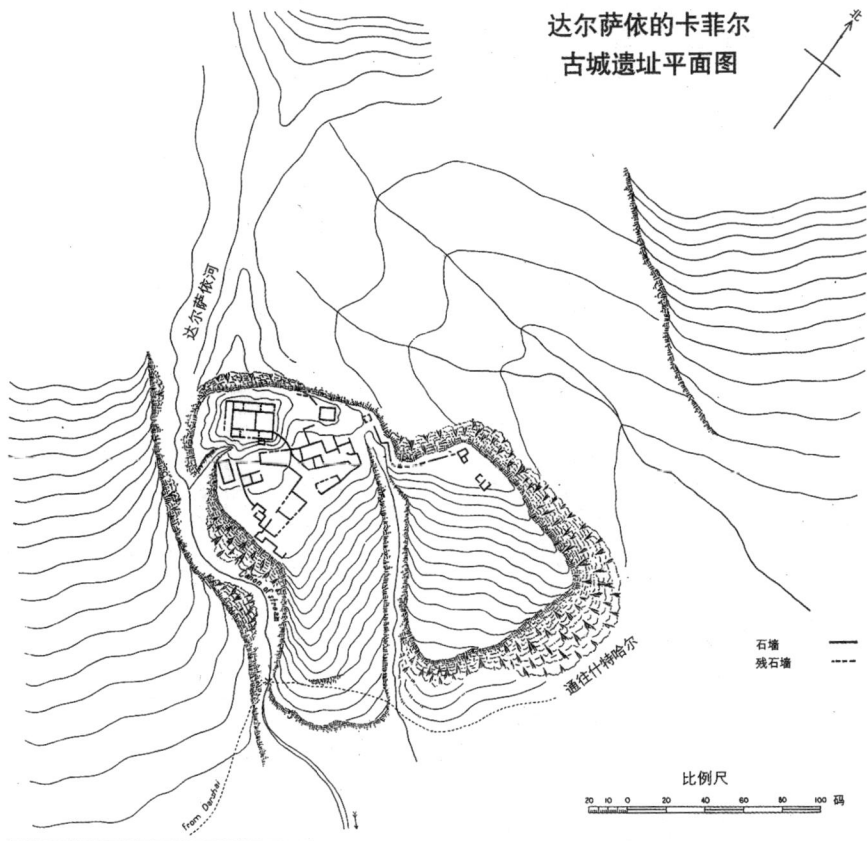

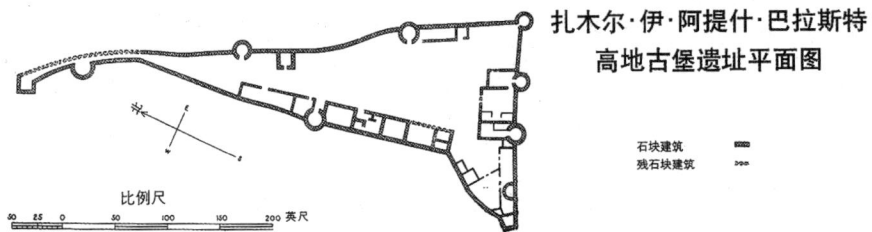

A. 斯坦因、阿弗拉兹·古尔 测绘

那玛德古特附近的恰拉依
恰恰遗址平面图

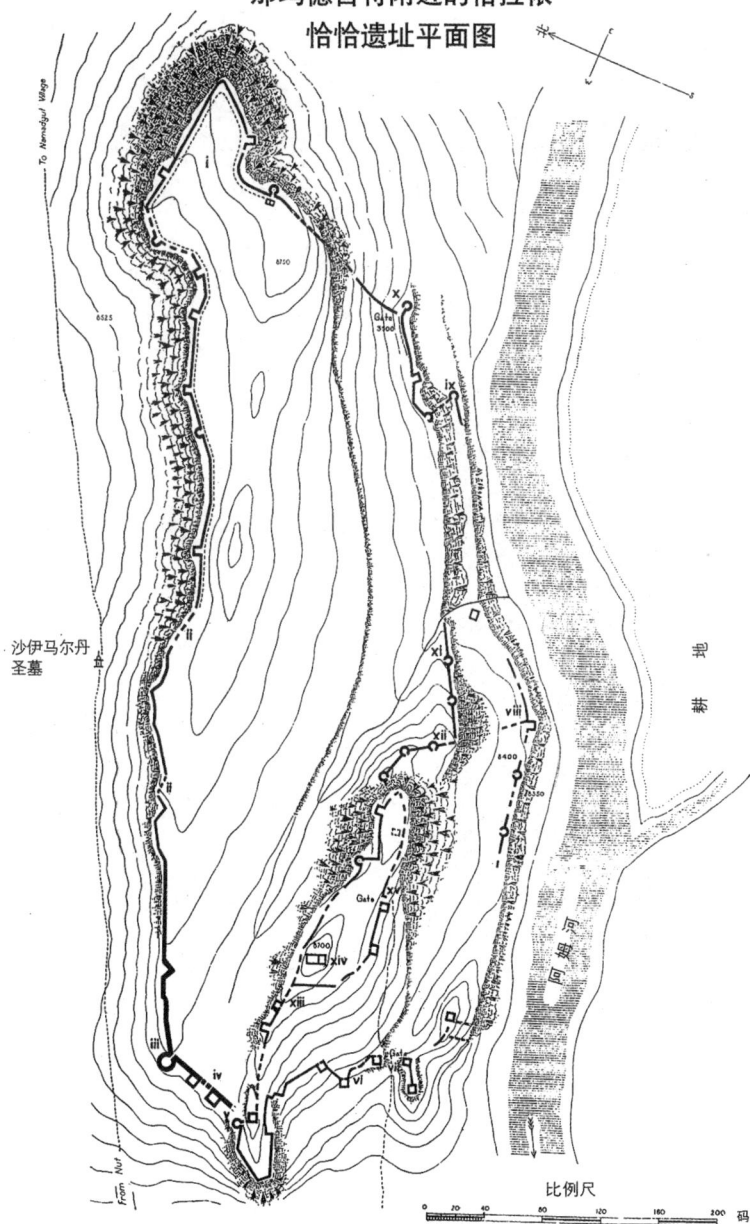

沙伊马尔丹
圣墓

比例尺

A.斯坦因、阿弗拉兹·古尔 测绘

喀拉瓦马尔的明巴什建筑平面图

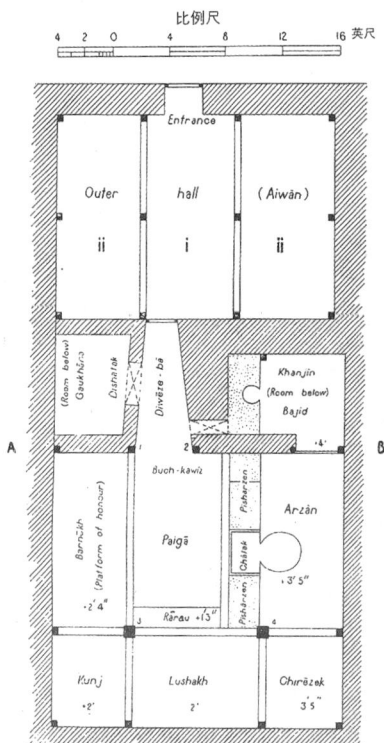

A-B立视面

比例尺

4 2 0   4   8   12   16 英尺

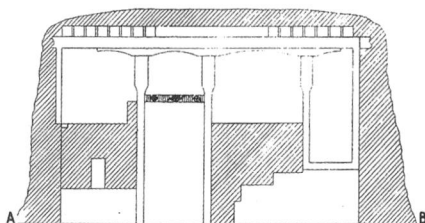

天花板中心部分平面示意图

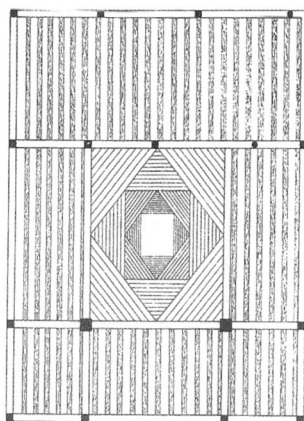

土石墙

木柱

木横梁

1 Diweze bā sitan   2 Sir·takra sitan

3 Kha sitan   4 Chirēzek sitan

→北

A.斯坦因、阿弗拉兹.古尔 测绘

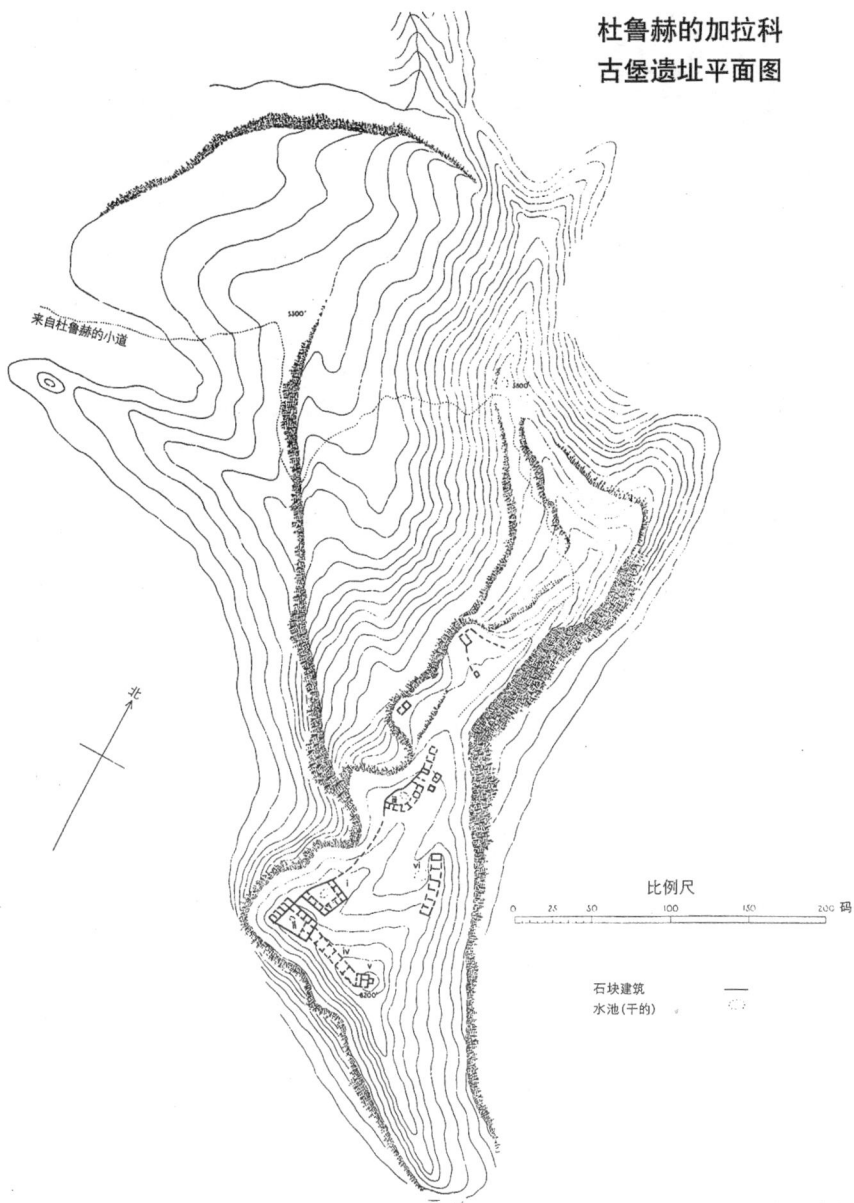

杜鲁赫的加拉科
古堡遗址平面图

来自杜鲁赫的小道

北

比例尺

石块建筑
水池(干的)

A.斯坦因、阿弗拉兹·古尔 测绘

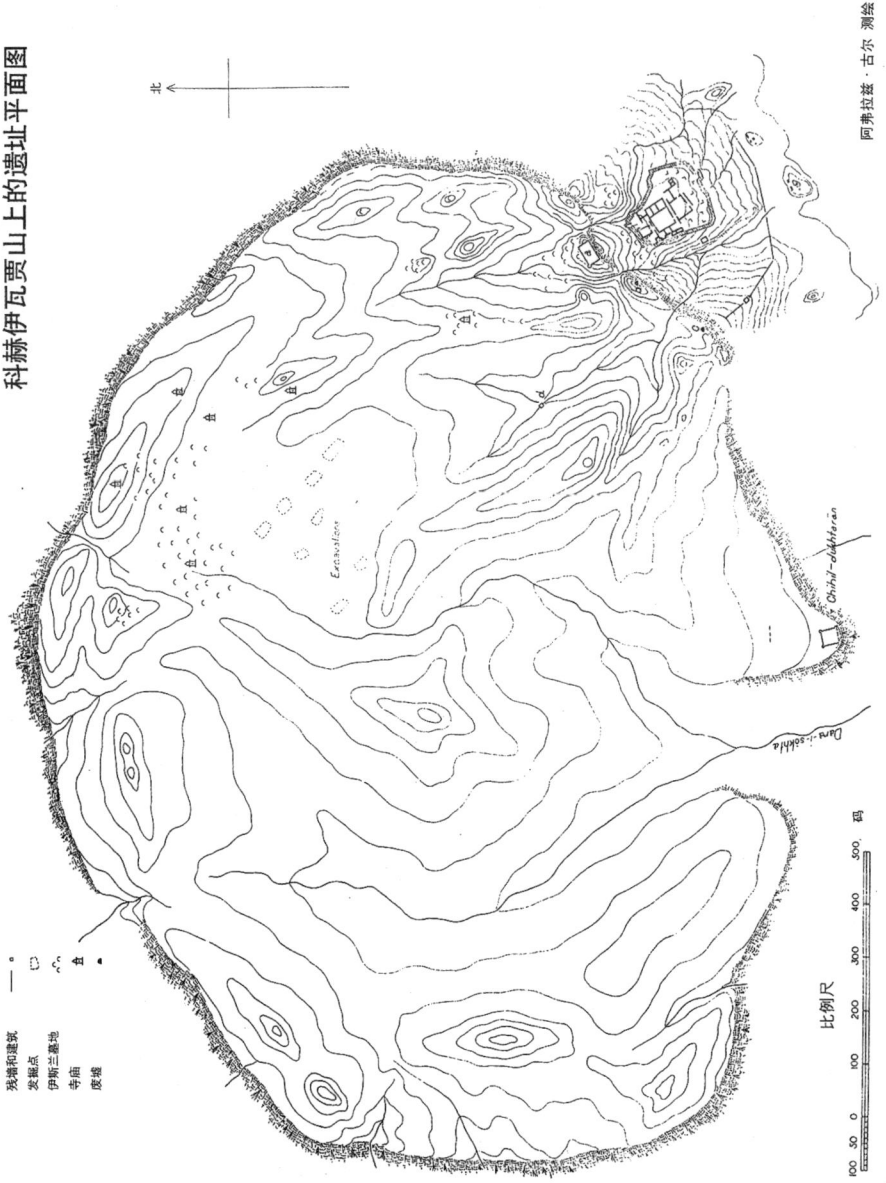

科赫伊瓦贾山上的遗址平面图

北

阿弗拉兹·古尔 测绘

Chihil-chihtran

Dara-i-sokhta

Excavation

残塌和建筑 ——
发掘点 ▢
伊斯兰墓地 ⌒⌒
寺庙 ▲
废墟 ●

比例尺

100 50 0 100 200 300 400 500 码

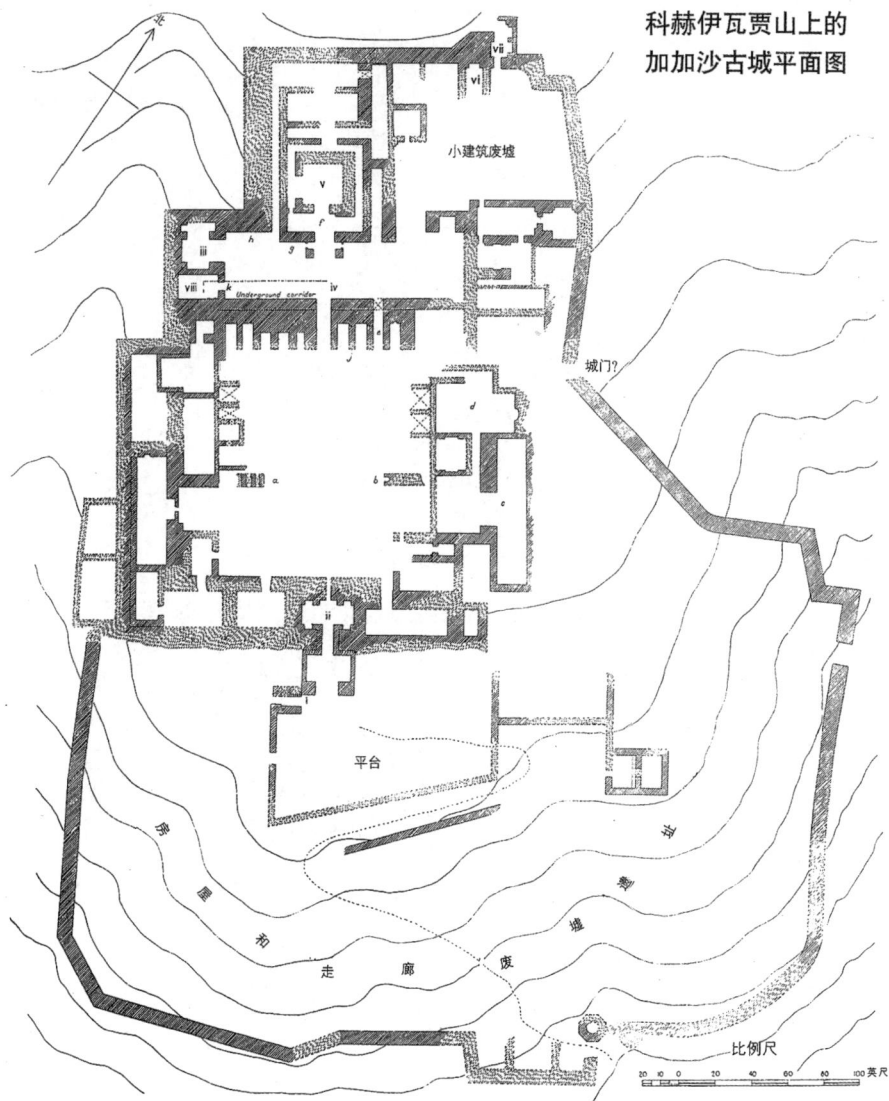

科赫伊瓦贾山上的
加加沙古城平面图

小建筑废墟

Underground corridor

城门?

平台

比例尺

20 10 0　　40　60　　100 英尺

阿弗拉兹·古尔测绘

阔合·伊·克瓦加建筑 GHA.i
平面略图

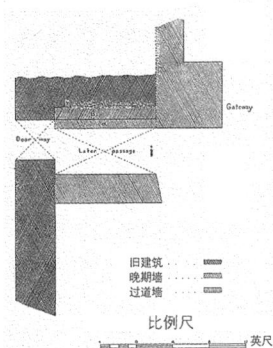

旧建筑 ......
晚期墙 ......
过道墙 ......

比例尺   英尺

米里卡斯木阿巴德
拱形建筑示意图

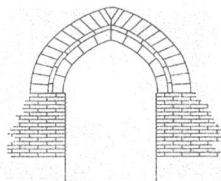

圆柱 GHA.J 立视图

比例尺

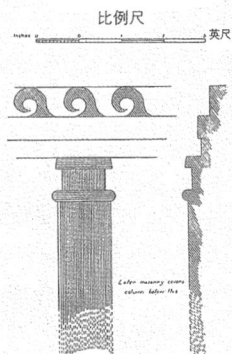

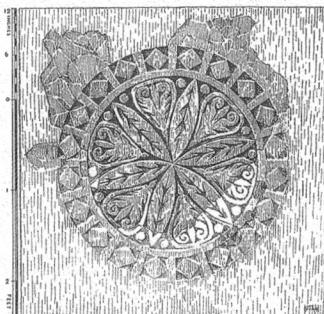

加加沙中门廊镶板图案示意图

加加沙拱形过道 GHA·IV 壁画（比例 1/11）

锡斯坦沙利斯坦
遗址平面图

建筑遗址　　□
围墙　　-----
墓葬　　⌒
圣墓　　🛆

北

沿额红物丛中的不规则耕地

耕地　小屋

营地 🛆

垃圾

沙利斯坦村

锡斯坦河

比例尺

100 50 0 100 200 300 400 500 600 码

A.斯坦因、阿弗拉兹·古尔 测绘

扎黑丹古城遗址平面图

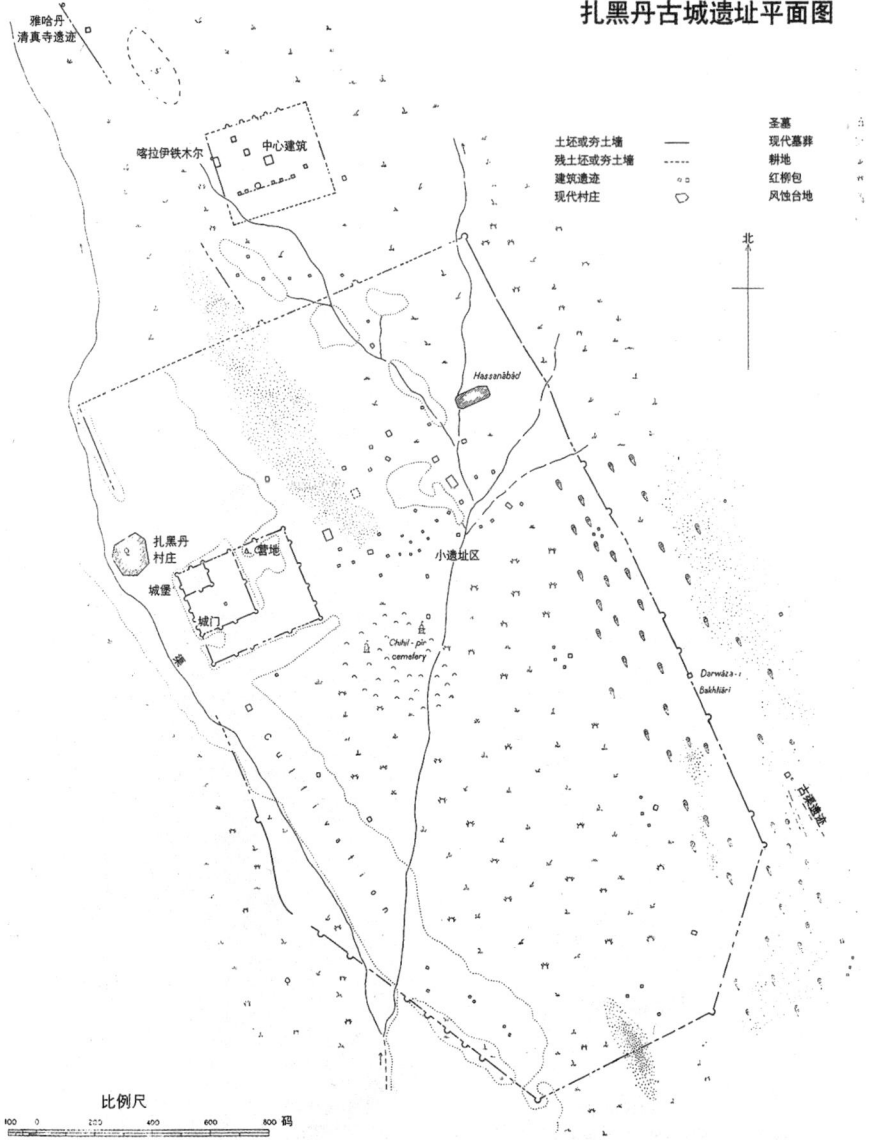

雅哈丹
清真寺遗迹

喀拉伊铁木尔

中心建筑

土坯或夯土墙
残土坯或夯土墙
建筑遗迹
现代村庄

圣墓
现代墓群
耕地
红柳包
风蚀台地

北

Hassanäbäd

扎黑丹
村庄

城堡

城门

雪地

小遗址区

Chihil-pir
cemetery

Darwāza-i
Bakhtiāri

古渠遗址

比例尺

100　0　　　200　　　400　　　600　　　800 码

A.斯坦因、阿弗拉兹·古尔 测绘

喀拉特伊吉尔德要塞遗址

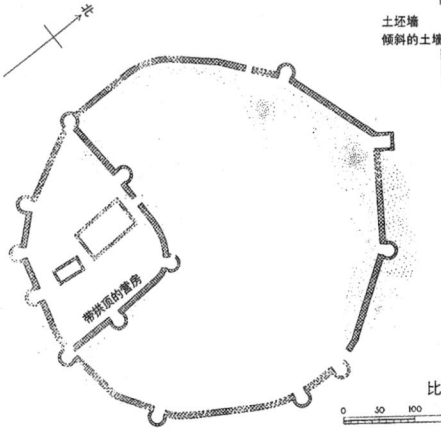

霍兹达尔的帕依喀什
依鲁斯塔木

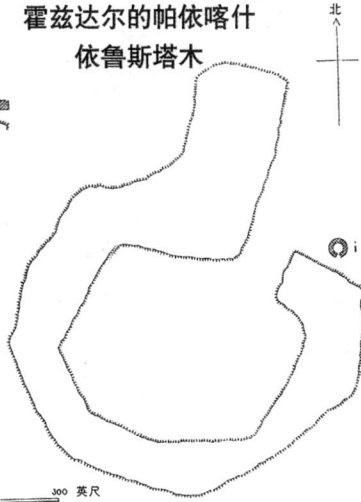

北

土坯墙
倾斜的土墙

北

带拱顶的营房

比例尺

0   30   100   200   300 英尺

i

拉姆罗德村

北

居民遗址

比例尺

30   15   0   60 码

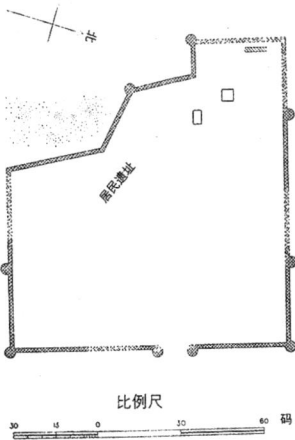

基马克的阿提什干图

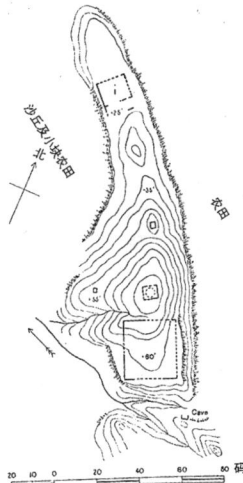

沙丘及八块农田

北

农田

Cave

20 10 0   20   40   60   80 码

遗址 i 的详图

i

比例尺

20 10   0   30 英尺

霍兹达尔的阿克忽尔伊鲁斯塔木

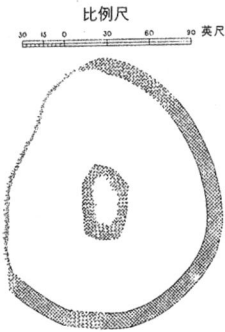

比例尺

30   15   0   30   60   90 英尺

A.斯坦因、阿弗拉兹·古尔 测绘

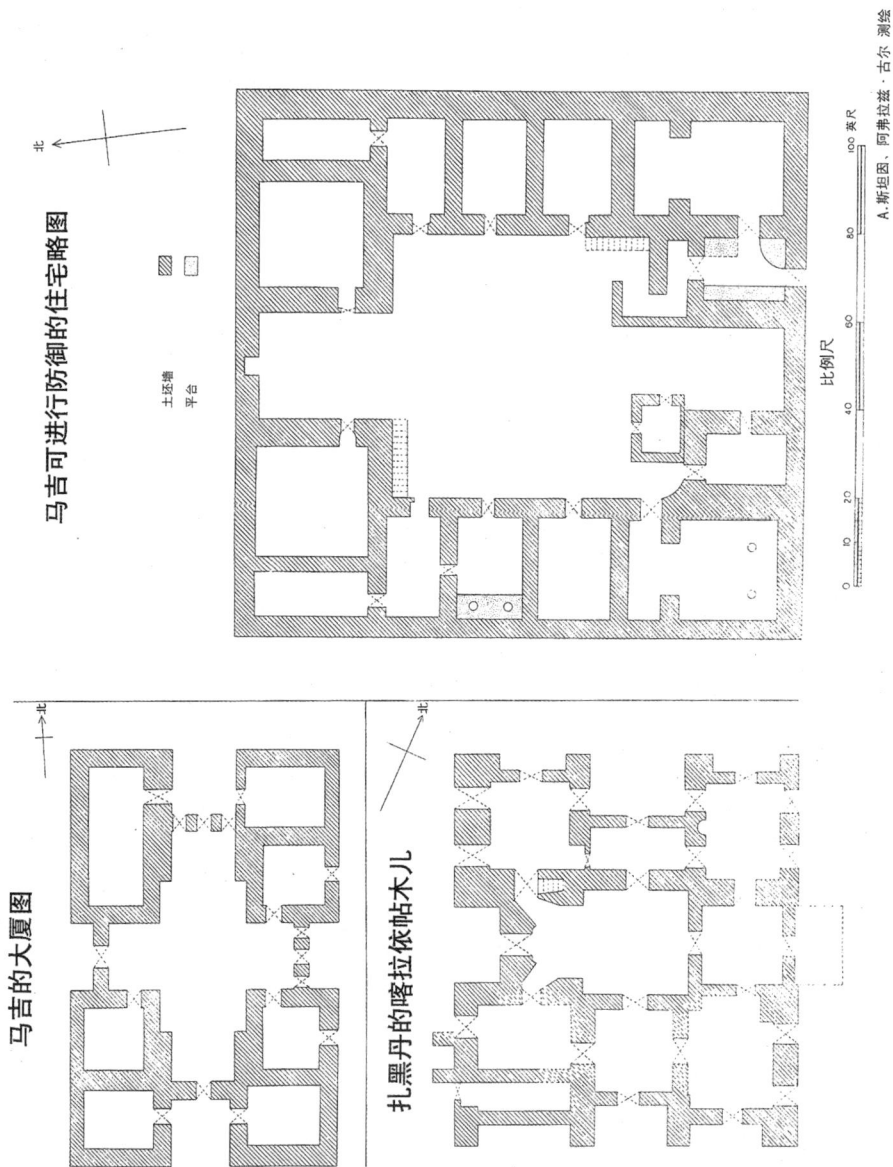

马吉可进行防御的住宅略图

土坯墙
平台

北

比例尺

A.斯坦因、阿弗拉兹·古尔 测绘

马吉的大厦图

北

扎黑丹的喀拉依帖木儿

北

比亚班河以北要塞平面图

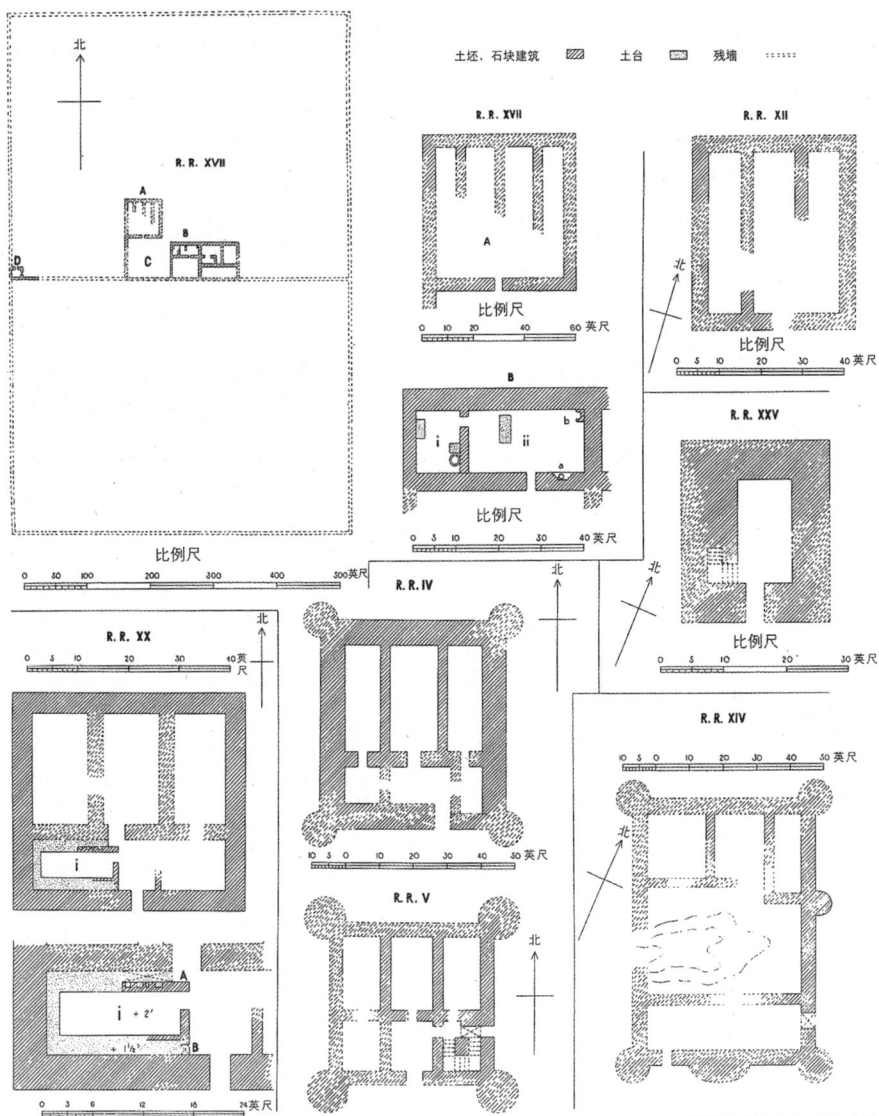

A.斯坦因、阿弗拉兹·古尔 测绘